真《シン》・日本の歴史

井沢元彦

幻冬舎

はじめに――教科書を何度読んでも日本史はわからない

私は今、怒りに燃えています。

なぜこれほど腹を立てているのかというと、日本の歴史教育があまりにもひどいことになっているからです。

今、日本史嫌いの若者が増えていますが、当然の結果でしょう。

なぜなら、学校で使われている教科書は「欠陥」が多く、本当は非常に面白いものである歴史が、テストのためのつまらない暗記科目になってしまっているからです。確かに教科書にはほとんど「事実」が書かれています。しかし、「意味」もわからず、ただ年号や名称を記憶するだけの教科がいったいなんの役に立つのか、そう思っている人は多いはずです。

つまり、**今の若者の歴史嫌いは、歴史というものを暗記科目としてしか提供できない日本の歴史教育が招いた結果なのです。**

私は歴史を研究する者ですが、歴史学者ではありません。自分では歴史家と名乗っています。

では、いわゆる専門の歴史学者と歴史家である私は、どこが違うのでしょうか？

答えは簡単です。それは、歴史家である私の方が、専門家である歴史学者よりも、日本史というものを、いいえ、歴史そのものを、深く、広く理解しているということです。にわかには信じがたいことだと思いますが、これは事実です。

なぜ歴史学者より私の方が「深く」「広い」のかというと、私は「専門」という枠にとらわれていないからです。

専門家というのは一見すると素晴らしく思いますが、歴史の場合は専門が足枷《あしかせ》となることがあります。なぜなら、自分が専門とする範囲のことは知っていても、その範疇《はんちゅう》を少しでも外れるとわからない、いわゆる「専門バカ」という落とし穴にはまってしまうからです。

歴史というのは、古代から連綿と続く人の営みです。その一部を詳しく見ただけでは全体像はわからないのです。

ここで言う専門の歴史学者とは、私が常々言ってきていることですが、第一に日本史の呪術《じゅじゅつ》的側面（宗教）の無視ないし軽視、第二に史料至上主義、第三に権威主義、に陥っている方々のことを指します。

さらに問題なのは「木を見て森を見ず」という諺《ことわざ》どおりの人々だということです。これは「小さいことに心を奪われて、全体を見通さないことのたとえ」（デジタル大辞泉）ですが、歴史学者は自分の専門だけにとらわれて日本史全体がどんな状態になっているのかをまったく見ようとしません。いや彼らのやり方では見えないのです。

私は日本史という巨大な森の全体像を知るために、『逆説の日本史』というシリーズにおいて、たった一人で日本通史を書いてきました。

そうして**日本史の全体像がわかったとき、全体像を知るには他の世界を知ることが必要だ**ということを知りました。つまり、世界史を知らなければ、日本史の本質はわからないということです。

これが、私が常々訴えてきた「日本の歴史学は視野が狭い」ということです。その「視野」とは、世界史を見ているか、ということですが、世界史を見ると言っても、ただ漫然と眺めるだけではダメです。**世界と日本を「比較」し、世界の常識と日本の常識はどう違うのか、違いがわかったら、なぜ違うのか、そこまで突き詰めて考えることが必要です。**

そういう意味で、高校の歴史教育に二〇二二年から新たに世界史の視点を組み込んだ「歴史総合」が導入されると知ったときは、少なからず期待を抱きました。

事実、『歴史総合』の教科書の前文には、期待させるようなことが書かれています。

現代の観点から歴史をみるとき、古い時代に比べ、より近い時代の歴史のほうが現代とより直接のかかわりをもつことは当然であるが、現代に近い時代というのは、古代に比べ、日本と世界のつながりが強くなってきた時代であり、現代の私たちのもつ社会的課題は、世界の歴史を知ることなしには、理解できない。

（『歴史総合　近代から現代へ』山川出版社、2022年4月発行）

現代に近い時代を学ぶことが、日本の社会課題の理解につながるという主張には疑問を感じますが、それでも、「世界の歴史を知ること」が、「日本を理解すること」につながるというのは、まさに私が長年訴え続けてきたことです。だから近代以降という少々偏《かたよ》った範囲ではあるものの、世界史と日本史の関わり合いという新たな視点が日本の歴史教育に導入されることを期待したのです。

でも結果は、残念としか言い様がないものでした。

高校の歴史カリキュラムによれば、「歴史総合」を必修科目とし、日本史（日本史探究）か世界史（世界史探究）のうち、興味のあるものを選択して学ぶというのですが、正直言って、これでは日本史も世界史も中途半端にしか学ぶことができないのではないかと思います。

何よりも残念だったのは、「世界の歴史を知る」と銘打っておきながら、そこには「比較」という視点が取り入れられていないことです。

これが何を意味しているのかというと、日本の歴史教育を主導する方々は、世界史と日本史を比較するとは、具体的にどういうことなのかを理解していない、ということです。

そこで本書では、歴史を理解する上で必要不可欠なのに、日本史教育に欠けている二つの「視点」をテーマにお話ししていきます。

その二つの視点とは、一つはすでに申し上げた「比較」です。

ひとくちに比較と言っても比べる対象によって、何に注目するのかは違ってきます。

世界史と日本史を比較する場合には、世界の常識と日本の常識で異なっている点を見つけ出し、なぜ日本と世界で常識が違うのか、その理由を考えることが大切です。

また、**世界と日本という横軸での比較だけでなく、時間軸に基づいた縦軸での比較も重要です。**

たとえば、織田信長は比叡山の焼き討ちをしたことで、宗教弾圧者として嫌われていますが、彼がなぜ比叡山を焼き討ちしたのか、その本当の意味や意義を知るためには、比叡山の焼き討ち以前と以後を比較し、何が変化したのかを見ていくことが必要なのです。

二つ目の視点は、私が長年にわたって言い続けていることですが、「宗教」です。

世界史では「宗教」を抜きにして歴史は語れないというのが常識です。しかし、日本の歴史学者は、この「宗教」という視点を歴史に持ち込むことを頑《かたく》なに拒否し続けています。だから、彼らには日本史が理解できないのです。

よく日本人は無宗教だと言う人がいますが、それは大きな間違いです。**日本には固有の「日本教」とでも言うような宗教があり、日本人は誰しもが無意識のうちにその宗教を信奉しています。**

日本教には、キリスト教の聖書のような教典はありませんが、日本人の行動と思想の積み重ねである日本史を丹念に見ていけば、その「無意識のうちに日本人を縛っている思想」、つまり宗教の実態が浮かび上がってきます。

本書では、全体を第1部「比較」と第2部「宗教」に分け、それぞれの視点を通した歴史の見方を、具体例を挙げながら解説していきます。

でも、お読みいただくとわかりますが、この二つの視点は完全に切り離して考えられるものではありません。なぜなら、世界と日本を比較することで日本人の宗教観がより鮮明になり、日本固有の宗教を知ることで、比較によって浮かび上がった違いが生じた理由が理解できるようになる、というように相互に深く関係しているものだからです。

つまり、どちらの視点が欠けても、歴史を深く知ることはできないのです。

おそらく、本書をお読みいただければ、なぜ私がこれほどまでに日本の歴史教育に強い憤りを感じているのか、おわかりいただけることと思います。

世界と比較し、時間軸で比較し、日本固有の宗教を知れば、日本史ほどユニークで面白い歴史はないのですから。

本書が、一人でも多くの方にとって、歴史の面白さを知るきっかけになることを切に祈っています。

真・日本の歴史　目次

第二章　「長期の時間軸」で見ると歴史はわかる

第二部 「宗教」から日本史を読み解く

第三章 日本人の宗教の原点は「穢れ(ケガレ)」

ブックデザイン　鈴木成一デザイン室
編集協力　鈴木　隆
DTP・図版　美創

第一部

「比較」から日本史を読み解く

第一章　「世界と日本」はこんなにも違う

世界でも珍しい日本の木造文化

昔、私が初めて英語を習った頃、それはもう半世紀余り前のことですが、ドイツの文豪ゲーテの英訳した言葉を覚えました。それは「一つの外国語を知らざるものは、母国語を知らず」というものです。

意味はおわかりだと思いますが、たとえば、今、あなたに「日本語の特徴を述べてください」と言っても難しいですよね。なぜなら、これを読んでいるあなたは、たぶん日本語が母国語でしょうから、いきなり「自分の国の言葉の特徴を述べよ」と言われても、まさに空気のように当たり前ですから、なかなか簡単には説明できないでしょう。

しかし、たとえば日本語とまったく異質な言語である英語と比べたらどうでしょうか。発音が違う、文法が違う、もっと細かく言えば、語順が違う、単数形・複数形にこだわるかこだわらないか、といった特徴があるということが、英語と比較することで、すらすら出てくるはずです。

実は日本史も同じなのです。**世界史を知っていると日本史の特徴というのが明確に見えてくるようになり、すらすらと言えるようになるのです。**

だから、広い視野、つまり世界史を含んだ視野の中で日本史を見れば、その大きな特徴が浮かび上がってくるのに、日本の歴史学者は、日本史しか見ていないので、そういうことに注目しないのです。

具体例を挙げましょう。

皆さんも、日本が木造文化の国であるということには異論がないでしょう。

最近はともかく、明治以前は日本の建物というのは、ほとんどが木でつくられていました。今でも世界最古の木造建築と言えば、奈良の法隆寺ですし、世界最大級（最近の建築で大きなものがつくられたので、こう言いますが）の木造建築は東大寺大仏殿です。

日本は平地が乏しい代わりに山が多く、森林資源に恵まれています。だから当然のこととして木造建築が主流の国になったのだ、とあなたは思っていませんか？

実は、それはまったくの間違いです。

日本を一歩出ると世界には、少なくとも私の知る限り伝統的な木造建築の国など一つもありません。理由は簡単で、木造は火災に極めて弱いからです。

日本は、古来から神社仏閣や政庁、あるいは城といった建築物を、木でつくってきましたが、法隆寺のように現存している例は極めて珍しく、多くの建物は何度も火災にあっています。それは建物に限らず街もそうです。京都は何度も大火で焼け野原になっていますし、東京も江戸時代には明暦の大火というとんでもない大火災に見舞われています。

この大火では、なんと七万人近くもの人が亡くなりました。その火の粉によって、本来は二重の堀に囲まれていて類焼する心配のない江戸城まで焼けてしまい、天守を焼失しました。それ以降、江戸城には、天守は築かれていません。

八代将軍・徳川吉宗をモデルにしたテレビドラマ『暴れん坊将軍』では、盛んに城のシーンが出てきますが、あれは姫路城であって、歴史上の事実で言えば、四代将軍以降、江戸城に天守はなかったのです。

そんな大火は、日本史上珍しいものではありません。火災の原因と言うと、失火や煙草《たばこ》が伝わった室町時代以降は煙草の火の不始末などといった原因が思い浮かぶでしょうが、実は落雷もその大きな原因の一つでした。

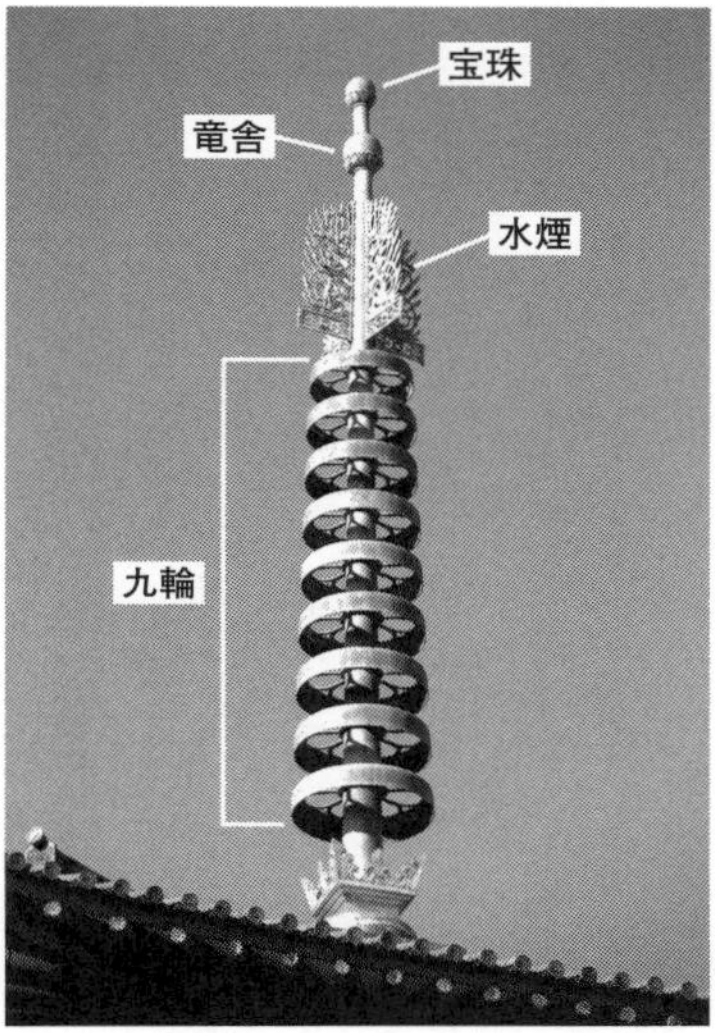

水煙

特に五重塔などの高層建築物は、頂点近くに銅製の「水煙《すいえん》」という飾りをつけます。これはなぜかというと、雨を呼んで火災を防ぐため（城の屋根にシャチを象《かたど》った「鯱鉾《しゃちほこ》」を祀《まつ》るのも同じ意味）なのですが、実際には絶好の伝導体となってしまうため、むしろ火災を呼ぶ装置になってしまいました。昔の人には避雷針という知識はありませんでしたから。

記録で残る限り、最も背の高い仏塔は、金閣寺を築いた室町三代将軍・足利義満が建てた相国寺《しょうこくじ》の七重の塔ですが、早々に落雷による火災で焼けてしまい、今は影も形もありません。それこそ歴史学者の先生に計算してもらってもいいのですが、日本が木造文化であることにより、その致命的な欠点である火災によって、どれほど多くの建築物、人命が失われたか、それは天文学的な数字になるはずです。

ですから、江戸時代でも「火の用心」というのは、実に大切な、日本人の心得と言ってもいいものでした。テレビドラマでもおなじみですが、大奥でも、下町でも、必ず火の用心を警告する火の番がいました。

世界の常識はレンガ文化

もうおわかりかと思いますが、こんな致命的な欠点を持つ木造文化を、効率的・合理的な普通の考え方をする人々が採用すると思いますか？

木という材料以外に、手に入る優れた建築資材がまったく存在しないというなら話は別です。しかし、これは日本を一歩出て世界というもの（それは必ずしも西洋世界という意味ではなく。朝鮮半島、中国大陸も入ります）の歴史を少しでも知っていれば、簡単に答えが出る話なのです。

申し上げましょう。日本以外の国、朝鮮半島、中国大陸も含めて日本以外の国は、レンガ（煉瓦）を建築資材として使ってきました。レンガ文化の国と言っても間違いではありません。なぜならレンガというのは、極めて優秀な建築材だからです。

たとえば、木材だと大工さんが何年もかけて修業して、ようやく柱の一本をつくれるようになります。しかし、レンガであれば、優秀な職工がまず一つお手本をつくればいいのです。粘土を固めて綺麗に焼けば、後は弟子たちがそれを型にとって同じものをどんどんつくっていけるのです。スキルなしに大量生産できるのです。

しかも、それだけではありません。レンガは積み上げていけば、どんな形の建物でもつくれます。ＬＥＧＯ（通称レゴブロック）というオモチャをご存じでしょう。あれと同じことです。

万里の長城

細かいピースを積み上げ、それを連結していくやり方だとアーチ状のものだってできます。

たとえば、このあいだNHKのニュースでやっていましたが、フランスのある地方の人々が、自分たちの手で町の教会を再建しようと、レンガを持ち寄って少しずつ積み上げていくということをやっていました。偉大な建築家などいなくても、レンガなら、そうしたことができるのです。**レンガは木材に比べて、はるかに優秀な建築材だということです。**

もう一つのレンガの利点が、火災に強いということです。

木は燃えますが、レンガは燃えません。そして積み上げればいくらでも巨大な建築物をつくることができます。ヨーロッパの主要な伝統的建築物はすべてレンガ造りです。ノートルダム寺院のよ

大雁塔

うに一部木造を採用しているものもありますが、土台や基礎構造はすべてレンガ造りです。

基礎構造というなら、中国の「万里の長城」もそうです。そして、その万里の長城を越えてシルクロードに入り、インドから大量の経典を持ち帰って翻訳した、おそらく世界一の翻訳王・玄奘《げんじょう》（この人は言うまでもなく『西遊記』の三蔵法師のモデルとなった人ですが）が、籠もって大量の翻訳を成した場所「大雁塔《だいがんとう》」は、今でも観光名所になっていますが、それもレンガ造りです。大量の経典を保存しておくのですから、レンガ造りでなければならなかったのです。うっかり木造などにしてしまったら、火災で焼失してしまうリスクが極めて高くなってしまうからです。

また日本では、古墳《こふん》の埋蔵施設というと「石室」という言葉があるように石でつくるのが一般的ですが、朝鮮半島にはそれをレンガでつくったものもあります。また仏塔にもレンガ製のものがあり、それは「塼塔《せんとう》」と言います。この「塼」という字はレンガを意味します。それはご存じだったでしょうか？　知らなかった方の方が多いのではないでしょうか。

なぜ日本だけが木造建築にこだわったのか

日本では、法隆寺が典型的ですが、レンガ建築というのは、明治時代になるまでまったくというほどつくられませんでした。

では、なぜ日本以外の国はすべてレンガなのに、日本だけこれほど便利なものを採用せず、木造にこだわったのか？　木造には火災に弱いという極めて大きなリスクがあり、実際にもそれで多大な損失をしているにもかかわらず。

答えは実は簡単です。レンガは素晴らしい建築材ですが、それでつくられた建物は地震に極めて弱いという致命的な欠点があるからです。

レンガの建物というのは、レンガとレンガを接着する漆喰《しっくい》のような接着剤によってつながっているだけです。その建物には、大黒柱もなければ、建物の横揺れを防ぐ棟木《むなぎ》もありません。そのため、ちょっとでも大きな地震があれば、あっという間に崩れてしまいます。

実は、フランスは極めて地震の少ない国です。だからレンガで何をつくっても安心なのです。

だからこそ原発大国にもなったのでしょう。あれだけ原発があるのに、日本の福島第一原子力発電所で起こったような事故は一度も起きていないのです。

対照的なのがインドです。インドも他の国と同じくレンガ建築文化の国なのですが、たまに大きな地震があるため、地震のときは大きな被害が出ます。

日本は仏教について、あるいは仏教建築についてと言った方がいいかもしれませんが、中国の技術を朝鮮半島経由で学びました。中国でも朝鮮でも大きな建物をつくると言えば、レンガが当たり前です。万里の長城の芯の部分もレンガだし、紫禁城《しきんじょう》もレンガ製です。だから当然、日本にもレンガ技術は伝わったはずですが、おそらく、地震が頻繁に起こる日本では、相当早い時期に、レンガは使えない、と見切ったものと思われます。

これは私の仮説ですが、**その論拠と考えられるのが、日本全国に点在する「廃寺跡《はいじあと》」と呼ばれる不思議な遺跡の存在です。**時代は法隆寺と同じぐらい古いのに、一度寺が築かれた後、何らかの理由で廃寺になり、二度とつくられなかった場所のことです。

私は、これが初期に朝鮮半島などを見習ってレンガ造りの塔などがつくられた寺院のなれの果てなのではないかと思っているのです。なぜなら、その寺院には、他の日本の伝統寺院からほとんど発掘されないレンガのかけら、つまり「塼」が多数発見されているからです。さらに、『日本書紀』には、日本の推古《すいこ》朝、つまり聖徳太子の時代に大地震が起こり、大きな建物が崩壊したという記録が載っています。

もう一つ、レンガ建築には、フランスではまったく問題にならないのに、日本では大きな問題になる「重大な欠陥」があります。それは、湿気に弱いということです。正確には、建物自体が湿気に弱いのではなく、中に置いてあるものが湿気に侵されやすいということです。

これも日本人が世界の趨勢《すうせい》であるレンガ建築を放棄した理由の一つでしょう。

文明開化というまやかし

その代わりに日本人は木造で正倉院《しょうそういん》をつくりました。正倉院の建物は木材を互い違いに積み上げたもので、湿気が多い梅雨の時期などは、自動的に木が膨らんで湿気を遮断し、湿気の少ない時期には木が縮んで風通しが良くなるという、日本人の知恵を凝縮したような素晴らしい建築物です。ああいうものがあったからこそ、本場の中国やシルクロードにも残っていない遺物が正倉院宝物《ほうもつ》として現代まで残されたのでしょう。

おわかりでしょうか？　たとえば、古バビロニアは、レンガ建築の宝庫でした。そればかりではなく、いわゆる文書にあたるものにも粘土板が用いられていました。レンガや粘土板の原料になる粘土（陶土）が豊富に採れたからです。

しかし、粘土をレンガにするためには、焼成《しょうせい》しなければなりません。そのためには大量の燃

正倉院正倉

料が必要です。そして、そのための燃料としては木材が使われました。その結果、バビロニアは禿山の国になってしまったという学説を昔読んだことがあります。日本も、もしレンガを採用していれば、森林はどんどん伐採され、禿山の国になってしまっていた可能性すらあるのです。

ところが日本人は、この先祖の知恵を忘れてしまいました。明治になって多くの日本人がヨーロッパに留学し、彼の地の建物がほとんどレンガ造りであることを知りました。そしてレンガがいかに優秀な建築資材であるかも知りました。この発見（実は再発見なのですが）を喜んだ日本人は、多くの建物をレンガでつくりました。それは大学の図書館であったり、目抜き通りの建築物であったり、「浅草十二階」など日本最大級の高層建築であったりしました。教科書には次のような説明が

浅草十二階（凌雲閣、写真提供：ユニフォトプレス）

載っています。

> 文明開化《ぶんめいかいか》の風潮は、東京など都会の世相《せそう》によく表れた。洋服の着用が官吏《かんり》や巡査《じゅんさ》からしだいに民間に広まり、ざんぎり頭が文明開化の象徴とみられた。東京の銀座《ぎんざ》通りには煉瓦《れんが》造《づく》りの建物が並び、ガス灯《とう》・鉄道馬車などが東京の名物となり、牛鍋《ぎゅうなべ》が流行した。
> （『詳説日本史』山川出版社、2023年4月発行、以下同）

この記述が何の比較も行っていないことが、これまでの私の解説をお読みいただいた皆さんにはおわかりでしょう。

その結果、日本ではどのようなことが起きたのか、図書館の本は湿気でダメになり、そして大正になり関東大震災が起きると、レンガ造りの建物の象徴であった高層建築は崩壊し、多くの犠牲者を出したのです。

そこで再び日本人は目が覚め、レンガ造りを採用しなくなりました。うちの大学の図書館はレンガ造りだよと思っている人がいるかもしれませんが、それはレンガ造りではなく、コンクリート造りの表面にレンガのレリーフを貼ったもののはずです。純然たるレンガ造りが多くあるのは、日本では湿気の少ない北海道や元琉球王国であった沖縄県でしょう。

このように、**世界史と日本史を比較することで、なぜ日本の常識と世界の常識が違うのか、その理由を探究することにこそ、「比較」の必要性と意義があるのです。**

日本の道路舗装率は世界最下位!?

この標題を見て、意外に思う人がいるかもしれません。それはおそらく若い人たちでしょう。ある程度の年齢を重ねた人、たとえば、私や私より一世代上の団塊の世代にとっては、日本の道路舗装率は極めて低いというのが常識だったのです。

そもそも東京オリンピック前、といっても、それは二〇二一年に行われたオリンピックではなく、一九六四年に行われたオリンピックですが、それ以前は、首都東京でもまともな道路は少なく、国道一号線ですら完全には舗装されていないという状態でした。

今の首都高速道路の大部分は、東京オリンピックに間に合わせるために突貫工事でつくられたもので、車線の幅も狭く、たとえば、日本の代表的な景観であった日本橋を覆う形で通っているというのは割と有名な話です。

それにしても、と皆さんは思っていませんか？

確かに日本の道路舗装率は低かったのかもしれないが、東南アジア諸国に比べればマシだったのではないか、と。なぜなら、日本はアジアやアフリカの国に先駆けて西洋近代化を成し遂げたのだから、道路舗装率もアジアやアフリカの国に比べれば、はるかにマシなのではないか、という思いがあるからです。

皆さん、それはどこで身につけた常識ですか？

高校の歴史教科書ですか？

残念ながら、道路舗装率に関しては、日本はアジアやアフリカの歴史の古い国に負けていました。

ここで歴史と伝統のある国として、アフリカからはエジプト、アジアからは東アジアの代表として中国と韓国、南アジアの代表としてタイを挙げましょう。

ここに国土面積に対する舗装道路の割合の国際比較というデータがあります。

社団法人日本道路協会（当時）が『世界の道路統計　２００５』の中で発表したものです。

意味はおわかりですね。国土の面積はそれぞれ違います。中国は巨大な国で、日本はそれに比べればはるかに小さい。その国土の中にある全道路がどれだけ舗装されているかということを調べたのが舗装率です。当然国土の広い中国は一％上げるだけでも大変で、それに比べれば、日本ははるかに有利だということもわかるでしょう。

では、その東京オリンピックから四十年以上経過した二〇〇五年、エジプト、中国、韓国、タイ、日本の中で一番舗装率が高いのはどこでしょうか。

データを見れば一目瞭然ですが、一番舗装率が高いのは日本ではありません。多くの人にとっては驚きでしょうが、実はタイなのです。それに続くのが韓国で、さらにエジプトと中国が続き、日本はなんと最下位なのです。現在は、それ以降必死に舗装に努めたので、これらの国を抜いているかもしれませんが、それにしてもタイの水準には遠く及ばないでしょう。

実は最近の統計でも、日本の道路舗装率は極めて低いと言う人もいるのです。それはどういうことかといえば、先進国ではまともな舗装として取り上げていない簡易舗装も、途上国ではデータの数字に含まれているので、それを除けば日本の道路舗装率は極めて低くなるということなのです。

馬車を使わなかった特別な国・日本

日本は明治維新以降、国を挙げて近代化に努めてきました。だから、鉄道や通信網、港湾設

国土面積に対する舗装道路の割合の国際比較

国	舗装率（%）	道路密度（km/k㎡）	舗装道路延長／国土面積（km/k㎡）
オーストリア	100.0	1.60	1.60
デンマーク	100.0	1.67	1.67
フランス	100.0	1.72	1.72
ドイツ		0.65	
イギリス	100.0	1.60	1.60
イタリア	100.0	1.59	1.59
オランダ		3.72	
スウェーデン	30.5	1.04	0.32
スイス	100.0	1.78	1.78
エジプト	81.0	0.09	0.07
エチオピア	19.1	0.03	0.01
ケニア	14.1	0.11	0.02
南アフリカ	17.3	0.30	0.05
ボリビア	7.0	0.06	0.00
ブラジル		0.20	
カナダ		0.14	
メキシコ	49.5	0.12	0.06
アメリカ合衆国	64.5	0.70	0.45
中国	81.0	0.20	0.16
インド	47.4	1.03	0.49
インドネシア	58.0	0.19	0.11
日本	79.0	3.16	2.49
韓国	86.8	1.02	0.89
サウジアラビア	29.9	0.07	0.02
タイ	98.5	0.11	0.11
オーストラリア		0.10	
ニュージーランド	64.3	0.35	0.23

出所：㈳日本道路協会『世界の道路統計 2005』より作成

備、あるいは学校といったインフラの整備については、間違いなくアフリカやアジア諸国の中ではトップです。にもかかわらず、道路舗装率だけはこんなに低いのは一体どうしてなのでしょう？

その理由がおわかりになりますか？

実は、これも世界史と比較するとわかるのです。

レンガの話と同じく、これも日本が「ある特別な国」であったからなのです。もちろんこれはいい意味ではありません。

では、それは何かというと、**「近代以前に馬車を使わなかった国」**ということなのです。

ここで、舗装とは何か、ということを見ておきましょう。

舗装とは、石でもいいし、簡易舗装の材料であるアスファルトでもいいし、コンクリートでもいいのですが、路面を何らかの材料でコーティングして、天候の影響を受けないようにすることです。

今、皆さんは車と言えば、自動車を思い浮かべるでしょうが、わざわざ自動という言葉がついていることからもわかるように、もともとの「車」というのは、人が引いたり、馬が引いたりしなければ、動かないものでした。

それが内蔵したガソリンエンジン等によって動くようになったので、今我々はそういった車のことを自動車と呼んでいるのです。では、自動車以前の最も花形だった乗り物は何か、もうおわかりですね、そう馬車です。

馬車はヨーロッパでは当たり前の乗り物でした。もちろん中国でも、あるいはタイでも。戦国時代の日本から彼の地にわたり、大出世した山田長政も馬車を使っていました。

韓流ドラマの時代劇でも馬車が当たり前のように出てきます。だからこそ、これらの国では昔から石畳で道を舗装していたのです。

これは、もし舗装しないとどういうことになるのか、ということを考えれば必然の結果であったことがわかります。

まず雨の日は、馬車自体の重さによって車輪がぬかるみに食い込み、それによって摩擦係数が上がり動かなくなります。場合によっては自由なコントロールがきかなくなって横転の危機も高まります。

では晴れた日ならいいのか？　晴れた日は砂埃が舞い上がります。どこの国でもそうですが、だいたい馬車を操作する御者《ぎょしゃ》（運転手）は、客室内に入りませんから、砂埃が舞い上がることによって御者の目に砂が入り、また視界自体も妨害されますから馬車を運用しにくくなります。

エジプトも中国も、ローマ帝国もそうですが、古くから文明が発達した国では、必ず馬車を使っていました。馬に乗るには乗馬技術という特殊技術が必要ですが、馬車という形にすれば貴婦人でも乗れます。

たとえばローマ帝国は、当時一番速い乗り物である馬車網を整備するために、ローマと地方を結ぶ街道（アッピア街道など）は必ず石畳で舗装していました。

また、フィレンツェのような都市をつくる場合、道や広場をすべて石畳にするのが都市造りの常識でした。そのため、山が多い北欧などは別として、かつてローマ帝国の領域であったところはほとんど舗装率が一〇〇％なのです。ここで注目すべきは、この一〇〇％という数字は、近代以降という話ではなく、紀元前からすでに一〇〇％だったということです。

鋭い読者はもうお気づきだと思いますが、**レンガと同じで、日本は近代になって鉄道馬車などを運用する以前は、馬車というものを使わなかった世界唯一の国なのです。**

インカ帝国も古い国でありながら、馬車は使いませんでしたが、それはあの地方には馬がいなかったからです。

しかし日本は違いますね。古代から馬はいました。駅という字は馬偏です。それはもともと「駅」というものが、馬を乗り換える中継点だったからです。早馬という制度もありました。たとえば、九州大宰府から都の京都まで馬のリレーをして情報を伝えるという制度は、すでに奈良時代に整備されていました。

では、日本人は馬車という使い方を知らなかったのでしょうか？

アッピア街道

そんなはずはありませんね。

昔から日本人は、特に中国大陸には大勢の留学生を送っています。当然彼らは、彼の国では日常的に馬車を利用していたはずです。そして、中国との交流が途絶えた後も、『三国志演義』や『水滸伝』といった小説を読むことによって、中国では馬車というものが一般的だということに日本人は気がついていたはずなのです。それなのに、日本人は馬車を使用しませんでした。

昔話を思い浮かべてください。シンデレラはカボチャの馬車に乗りますよね。では、日本の瓜子《うりこ》姫《ひめ》とかかぐや姫が馬車に乗っていたのを見たことがありますか？　かぐや姫は牛車《ぎっしゃ》に乗ったかもしれませんが、あれは牛が引く車であって、馬車ではありません。

大河ドラマファンの方は、あるいは時代劇が好きな方は思い浮かべてください。天皇や将軍や関白が馬車で移動しているのを見たことがありますか？　あくまで近代以前の話ですが、見たことはないはずです。

では、日本には舗装道路をつくる技術がなかったのでしょうか。

そんなことはありません。この時代の舗装とは石畳のことです。奈良や京都の古いお寺は、山門《さんもん》から本堂までまっすぐの道が続いていますが、あれはちゃんと石畳で舗装されています。つまり日本は、馬がいて、馬車というものに対する知識もあり、石畳をつくる技術もあったのに、馬車を使わなかったおそらく世界唯一の国なのです。

日本史だけ見たのでは日本史はわからない

こういうことに気づくために、世界史と比べてみることが必要なのです。

では、なぜ日本人は、使おうと思えばできたのに、馬車を使わなかったのでしょうか？

実は、これは正直なところ、レンガのように明確に説明できることではないのですが、あえて言うならば、戦国三英傑と呼ばれる織田信長、豊臣秀吉、徳川家康の性格の違いに由来するものだと思われます。

詳しくは、後ほど触れますが、豊臣秀吉は天下統一を成し遂げた後、大陸侵出を図りました。「朝鮮出兵」とか「朝鮮侵略」と言われますが、実質的にはそうでも、彼が目指したのは「明国征服」です。そのため彼自身は、「唐入《からい》り」と言っています。

もしあれが少しでも成功して朝鮮半島の一角に日本の領土ができていれば、つまり、今のイギリス（正式にはグレート・ブリテン及び北アイルランド連合王国）がアイルランドの一部を北アイルランドとして領有しているように、朝鮮半島に日本が領土を獲得していれば、秀吉は信長譲りの大改革論者でスピードというものを非常に愛した人間ですから、多分、朝鮮半島を見習って日本の街道も石畳にしていたでしょう。すでに申し上げたように、そうするための技術は完璧にあったのですから。

しかし、結局大陸進出は大失敗に終わり、多くの日本人は戦争で領土を拡張するという夢を捨てました。そしてこれからは、貧しくてもいい、平穏に生きていきたい、という時代になりました。だからこそ、徳川家康が時代の覇者となったのです。

彼は三河というかなり地味な国の出身であって、信長、秀吉が商人ならば、彼は百姓という立場が本質でした。「せまい日本そんなに急いでどこへ行く」という交通標語がありますが、まさに家康が目指した日本というのはそういうものだったのです。

だから、これもお気づきでないかもしれませんが、**東海道、中山道など日本の代表的幹線道路はまったく舗装されていなかったのです。**世界の常識で言えば、あの時代に幹線道路が舗装〇％だったという国は、おそらくないはずです。

それにしても家康という人は面白い人です。もしもこれが信長だったら、房総半島から江戸まで石畳の舗装道路をつくり、朝早く房総半島沖でとれた新鮮な魚介類を城に運ばせて舌鼓《したつづみ》を打つというようなことをやったかもしれません。しかし家康はそれをしませんでした。

またヨーロッパの例に見習えば、徳川将軍家だけが馬車を利用できる。あとは歩いて行け、あるいは駕籠《かご》を使えということもできたのですが、彼はそういうこともしませんでした。将軍であれ、庶民であれ、最も速い乗り物は駕籠であり、その大きさと担ぐ人数は違っても、将軍でも庶民でも駕籠を使うというのが、日本の江戸時代でした。

つまり、**江戸時代は、あえてスピードを拒否した時代だった**ということです。さらに技術の進歩の追求をやめた時代でもありました。これは幕府の方針でした。

技術が進歩して、武器が強力になれば、それだけ徳川幕府を倒す勢力が台頭してくる可能性が高まるからです。また、道路を舗装しなかったのも、地方の強力な敵が江戸に攻め上がってくるスピードを上げさせないためでした。

こうしたことを好むか好まざるかは、まさに好き嫌いの問題ですが、日本がそういう社会だったという歴史的事実は、海外と比較して初めてわかることです。日本史しか研究していない人は、結局、日本史もわからないのだ、ということがおわかりいただけたでしょう。

もう一つ疑問に思った方がいるかもしれません。それは、なぜタイの方が中国や韓国よりも

熊野古道

舗装率が高いのか、ということです。

これは雨季という言葉を使えば、おわかりになるでしょうか？

中国や韓国には雨季はありません。しかし、タイにはあります。雨季には激しい雨が降るので、道路をしっかり固めておかないと、本当のぬかるみになってしまうのです。ですからタイでは道路をつくるということは、イコール舗装するということだったのです。

このことに気がつくと、日本の古い道路の中で唯一舗装されている道路がある理由も自ずとわかるはずです。

日本で唯一石畳で舗装された道、それは世界遺産にも登録されている「熊野古道」です。

熊野古道が舗装されたのは、この地方が昔から非常に雨の多い地域だったからなのです。それでも交通需要がなければ舗装などする必要はないのですが、熊野はこの世の浄土という信仰が古くからあったために、**最も高貴な人物である上皇や法皇が、しばしば熊野詣《もうで》を行いました。そのルートを確保するために舗装が必要だったのです。**

これも、世界史と比較して初めてわかることの一つです。

則天武后は日本のマネをして「女帝」になった！

ここからは、世界と日本の違いがわかるように、よく知られている人物と事例を挙げて説明していきます。

皆さんは、則天武后《そくてんぶこう》（在位：六九〇～七〇五）という歴史上の人物をご存じですか？

これは皇后としての名前ですから、正式には武則天《ぶそくてん》というのが正しい名称ですが、百科事典を引くと、次のような経歴が載っています。

> 唐の高宗の皇后。初め太宗に仕え、のち６５５年高宗の皇后となる。高宗が病むと政権を握り天后と称した。６８３年高宗の死後、子の中宗・睿宗（えいそう）を立てたがすぐ廃し、６９０年自ら即位。聖神皇帝と称し、国号を周と改めた。これを武周革命という。女性の皇帝は、中国史において空前絶後である。７０５年老病に及んで中宗が復位し、唐

室は復興。

（『百科事典マイペディア』平凡社）

ここにもあるように、中国史上、女帝は彼女一人だけです。まさに空前絶後の実績を持つ特別な人物なのですが、実は彼女、日本のマネをして女帝になったということはご存じでしょうか？

ご存じないと思います。でも、これも世界と日本を比較してみれば、気づくことなのです。もう一度、則天武后の経歴を見てください。彼女の夫は高宗《こうそう》と言います。

高宗はもともと体の強い方ではなかったのですが、彼女と結婚し、彼女が正式に皇后になってから、ますます病弱になります。もちろんこれはただの偶然ではなく、私は彼女が夫に毒を盛っていたのだと思いますが、注目すべきは六六三年には高宗はもはや何の力もなく、彼女がカーテンの陰で、皇帝を操っていた時代に入るということです。

この六六三年という年には大きな意味があるのですが、おわかりでしょうか？

実はこの六六三年というのは、日本・百済《くだら》連合軍と唐・新羅《しらぎ》連合軍が戦い、日本・百済連合軍が惨敗を喫した白村江の戦いが行われた年なのです。教科書に次のような記述があります。

唐《とう》と新羅《しらぎ》が結んで660年に百済《くだら》を滅ぼすと、百済の遺臣《いしん》は日本に滞在していた百済王子の送還と援軍を要求した。孝徳天皇の没後、飛鳥《あすか》で即位した斉明《さいめい》天皇（皇極《こうぎょく》天皇の重祚《ちょうそ》）は、百済復興を支援するため大軍を派遣したが、663年に白村江《はくそんこう》の戦いで唐・新羅連合軍に大敗した。

（『詳説日本史』山川出版社）

この時代、日本は天皇制、中国は皇帝制の時代ですから、日本の実質的な指揮官である中大兄皇子《なかのおおえのみこ》（のちの天智《てんじ》天皇）が誰と戦って敗れたのかというのは極めて重要なことのはずです。しかし教科書には載っていません。

ここまで言えば、もうおわかりですね。**日本は彼女、則天武后に負けたのです。**

ここで彼女の気持ちになって考えてみましょう。特に女性の皆さん、彼女の気持ちになって考えてください。

中国の儒教は完全な男尊女卑です。女性には何の権利も認められません。そのためこの戦争も、実際には彼女の力で勝ったのですが、それは公式記録には載らず、気弱で病弱な夫の高宗の功績ということになってしまったのです。

実は中国は、これまでにも何度も朝鮮半島を完全支配しようとして戦ったのですが、高句麗という強い国があって、なかなかうまくいきませんでした。その高句麗を滅ぼして最終的に朝鮮半島を統一した新羅までを傘下に置き、その過程で滅ぼされた百済を復活させようとした**日**

本を叩き潰した英雄は誰か、実は「彼女」なのです。しかし男尊女卑の中国では、彼女の功績は絶対に認められません。

もうおわかりですね。だからこそ彼女は、女帝になろうと思ったのです。それは当然の発想ではありませんか。ここで考えていただきたいのは、その国で初めてのことをしようとしたとき、何を参考にするかということです。国内にはそうした例は、ただの一度もないのだから、参考にするとしたら、外国しかありませんよね。

その外国が日本だった、というのが私の説です。

そんなバカな、と思いますか？

彼女の時代は七世紀です。確かにこの百年以上前の五〜六世紀ぐらいだったら、中国の人間は日本の存在など歯牙《しが》にもかけなかったでしょう。五世紀の日本は、いわゆる「倭《わ》の五王」の時代で、中国と戦争をするどころか、皇帝に使者を送ってあなたの家臣にしてくださいということをやっていたのですから、当然その国がどんな政治体制なのかということに、何の関心もなかったでしょう。

しかし、白村江の戦い以後は違います。日本は戦争をやった相手国なのです。

中国は古い文明を持つ国で、あの『孫子の兵法』で有名な孫子は、この時代から見てもだいぶ前の紀元前の人ですが、彼のことはよく知られていました。「彼（敵）を知り、己を知れば百戦危うからず」という言葉は、現代人でも知っているでしょう。

当然、彼女も大中華帝国に刃向かってきた日本という小癪《こしゃく》な国がどんな体制なのか調べ抜いたはずです。そうすれば、このとき事実上の指揮官であった中大兄皇子には、彼の母親である斉明天皇（在位：六五五〜六六一）がいて、本当のトップはその斉明天皇であること、そして日本は女帝が決して珍しい国ではなく、すでにその数十年前に推古天皇（在位：五九二〜六二八）という女帝が出現しているということも知っていたはずです。

このことを知った彼女は、「なんだ、女が皇帝になっても構わないじゃないか」と、思ったはずです。**だからこそ彼女は、夫の死後（それを私は毒殺だと思っていますが）、子供を押し退けて中国史上空前絶後の女帝になったのです。**

これは、日本のマネをしたとしか考えられないではないですか。

事実、日本と中国は、白村江の戦い以降、ライバル関係となり、お互いマネし合う状況になります。

武則天は、皇帝としていろいろ初めてのことをしているのですが、その中で空前絶後だったのが「四文字元号」です。「令和」もそうですし、「元禄《げんろく》」もそうですが、中国でも元号というのは二文字が原則でした。

四文字元号などというのは、まさに空前絶後、彼女の時代にしかないのです。それは、実は日本も同じで、持統《じとう》天皇（在位：六九〇～六九七）の直系の子孫である天皇の時代に、日本国でも空前絶後の四文字元号が数回実施されました。

実は武則天は大仏もつくっています。巨大な石仏です。ライバルがそういうものをつくったとき、それを超えるにはどうしたらいいでしょう？　おわかりですね。石仏よりもずっと高度な技術を要する金銅仏をつくることです。それが奈良の大仏です。

こうした事実を知っていれば、お互いをライバル視し、マネし合っていたということがわかるはずです。それがわからないのは、日本の歴史学に世界史との比較という視点が欠落しているからです。

人間は、子供の頃から親のマネをしたり、先生のマネをしたりして育ちます。誰かが画期的なことをやった場合、明らかにその手本と思われる事実がそれ以前にあった場合、人間の世界では、後の人間は前の人間をマネしたと言います。

これは**世界史の常識以前の常識、時代性や地域性をも超越した「人間界の常識」**だと私は思います。

北条義時《よしとき》は「日本史」を際立たせる超重要人物

北条義時といえば、二〇二二年の大河ドラマ『鎌倉殿の13人』の主人公で知名度がかなり上がった人物だと言っていいでしょう。大河ドラマの人気に便乗しようというのではまったくないのですが、この北条義時という人物は、まさにレンガのように、あるいは道路の舗装率のように、世界史と比べたときに日本史を際立たせるための超重要人物だということは、おわかりでしょうか。

もしここに日本の歴史のことをまったく知らない外国人がいたとして、短時間で日本の歴史の特徴を説明しなければならない場合、ただ一人しか歴史上の人物を選べないとしたら、私が選ぶのは織田信長でも豊臣秀吉でも徳川家康でもありません。いわんや神武《じんむ》天皇でも天智天皇でもありません、北条義時なのです。それが不思議だという人は、残念ながら「世界史の常識」を理解していない人と言ってもいいと思います。

日本以外の国では、すべて王朝交替という事件が起きています。王朝交替とは、中国が典型的ですが、それまで皇帝の座を占めていたファミリーが滅ぼされ、別のファミリーに変わることです。

たとえば、中国の「隋《ずい》」という王朝では、「煬《よう》」という一族が皇帝を務めていましたが、それが「李《り》」という一族に滅ぼされ、新たに「唐《とう》」という王朝が建ちました。また、後には、モンゴル人が万里の長城を越えて中国に侵入し、いわゆる漢民族を支配し、「元《げん》」という王朝を建てたこともあります。その元朝を滅ぼしたのが、漢民族の朱元璋《しゅげんしょう》という人物で、彼の建てた国は「明《みん》」と言います。

この朱元璋の例が一番わかりやすいので、これでご説明しますと、彼は日本で言えば、豊臣秀吉のような貧農の出身です。もちろん、元の皇室とは何の縁故関係もありません。ただ、極めて優秀な男でモンゴルに対する漢民族の不満を統一する形で大軍団の長となり、見事に元朝を滅ぼしました。

これは別に中国に限ったことではなく、**日本以外の国では、その時代の王者の武力を上回る軍事力の支配者となった人間は、その国のトップになれるというのが常識なのです。**

この常識は現在も生きています。たとえば独裁国家である北朝鮮と、民主国家であるアメリカ合衆国とは何の共通点もないように見えますが、そのトップは共に、その国の軍隊の最高司令官です。戦前の日本もそうでした。これが世界の常識なのです。

王朝交替がない日本は世界の非常識

さて、大河ドラマの記憶も新しいところですが、ちょっと最終回を思い出してください。それまで日本の伝統的王者として認められていた皇室のトップである後鳥羽《ごとば》上皇は、朝廷に従わない武士の軍団の政府が東にできたことに怒り、それを潰そうとしました。

具体的にどうしたのかというと、兵士を集め、それまでの日本では、誰も逆らえない絶対的な命令である上皇の命令「院宣《いんぜん》」を出して、その院宣に従い、北条義時を滅ぼせと関東の武士団に命令を発したのです。

しかし、ご存じのように北条義時は鎌倉武士団を糾合《きゅうごう》することに成功し、逆に後鳥羽上皇を政権の座から引きずりおろし、隠岐《おき》島へ島流しにすることに成功しました。

問題はここなのです。

外国人はこうした歴史を聞くと、必ず次のような質問をします。「なぜ義時は後鳥羽上皇を殺して、自分が天皇にならなかったのだ?」という質問です。

この乱によって、朝廷と幕府との二元的支配の状況は大きくかわり、幕府が優位に立って、皇位の継承や朝廷の政治にも干渉《かんしょう》するようになった。

(『詳説日本史』山川出版社)

教科書の記述は、この疑問を解決してくれません。

それでも、日本人の私たちは、うまく言葉にはできなくても、なんとなくそれが不可能だということが理解できます。

でも、それが理解できるのは、私たちが日本人だからなのです。外国では、北条義時の立場になった人間は、当然それまでの伝統的な王者を殺すなり、その一家を皆殺しにするなりして、トップに立つという選択をします。まさに朱元璋はそれをやりましたし、近代でもロシア帝国は、民衆を率いる共産党に敗れ、皇帝一家は皆殺しにされました。

つまり、**軍事力でそれまでの王者を圧倒する立場に立った人間は、基本的に前の王者を倒して自分が王者になってもいいのです。**

基本的に、と言ったのは、場合によってはそうしない人もいるからです。日本では源頼朝がそうです。武力で天皇家を圧倒する立場にはいましたが、天皇を殺そうなどということは考えませんでした。これには一つ理由があります。それは、天皇家の側も源頼朝を殺そうとはしなかった、ということです。

実は後白河《ごしらかわ》法皇は、頼朝の弟である義経の懇請に負けて、一時、頼朝追討、つまり頼朝を殺せという命令を出しているのですが、のちに、あれは本意ではなかったと撤回しています。ですから頼朝の場合は、この撤回によって、後白河法皇を殺し、天皇家を滅ぼす大義名分を失ったと言えるのですが、義時の場合は違います。

相手が、はっきりと自分を殺せ、と言ってきたのですから、相手を殺しても何の問題もありません。現在ですら、自分を殺そうとした人間を殺すことは、正当防衛として合法的に認められています。ましてや数百年も昔のことです。王家を圧倒する軍事力を持ち、なおかつ王家を倒す大義名分（先に向こうが自分を殺そうとしたということ）があるのです。世界では、この義時のような立場に立った人物は、必ず前の王者を殺して自分が王者になっています。

しかし、日本はそうではありませんね。それが日本の特徴です。

では、なぜ日本はそうなのでしょう。

それを解明し、それをもとに歴史を説明しなければ、日本史というものは絶対に説明できません。しかし、それができていないのが今の日本の歴史学なのです。

なぜ義時は天皇を殺さなかったのか。

結論からいえば、殺さなかったのではなく、殺せなかったのです。その理由は今の日本史教育に欠けているもう一つの視点「宗教」と深く関わっている問題なので、第2部で詳しくお話しします。

朝鮮出兵は秀吉の「錯乱」ではなかった

皆さんもよくご存じのように、織田信長の跡を継ぎ、天下を統一した豊臣秀吉は、晩年になって、いわゆる朝鮮出兵を行いました。これを、老いた秀吉が錯乱して晩節を汚した、と思っている人は多いようです。

天下を統一して世の中が平和になったのだからそこでやめておけばよかったのに、無理な海外出兵をして、結局、豊臣家を滅ぼしてしまったのだから、愚かな行為だ、と考えているのです。

でも、それは間違いです。

もちろん他国を侵略するというのは、倫理的に決して褒められることではありませんが、多くの国民がそうだと信じているように、秀吉は晩年、頭がおかしくなったわけでもないし、調子に乗ったわけでもありません。**彼のやったことは、世界史を知っている人間から見れば当然の行為なのです。**

ここで言う「当然」とは、侵略を美化するという意味ではありません。そうせざるを得なかった、という意味です。なぜそうなるのかは、これも世界史と比較してみればわかることです。

まず、秀吉の朝鮮出兵について、現在の日本史教科書がどのように解説しているか確認しておきましょう。

武威を誇る秀吉は早くから大陸侵攻の意志を示していたが、九州を平定すると対馬《つしま》の宗《そう》氏を通して朝鮮国王に服属と来日を求め、ほかの近隣諸国へも同様の要求をした。朝鮮は1590（天正18）年に日本統一を祝う使節を派遣してきたので、秀吉は明《みん》征服の先導を求めた。宗氏らは明出兵の道を借りるだけだとして交渉したが、朝鮮はこれを拒否した。

（中略）

朝鮮の人々は大きな犠牲を強いられ、日本に対する憎しみを長く抱いた。また多くの朝鮮人が捕虜《ほりよ》として日本へ連行された。明は膨大《ぼうだい》な戦費で財政窮乏《きゅうぼう》を深刻化させ、衰退に拍車をかけた。日本では有力大名《だいみょう》どうしの対立が激化し、豊臣《とよとみ》政権は動揺した。

（『詳説日本史』山川出版社）

残念なことに、ここには、なぜ秀吉が大陸侵攻の意志を持ったのかについての記述が一切ありません。理由がわからないから「頭がおかしくなった」などと言われてしまうのです。

考えてみてください。乱世というのは、とても恐ろしい時代です。織田信長にとっては、武田信玄、上杉謙信というとんでもない大敵がいましたし、秀吉は、徳川家康を最終的には謀略によって屈服させましたが、直接対決した小牧・長久手の戦いでは完全に負けています。

戦国時代というのは、身分制度も崩れた自由競争の時代ですから、最も優秀な人間が天下を取る、それが当然だということはおわかりでしょう。ただしそれだけでは天下は取れません。天下を取るためには、膨大な資金源も必要だし、優秀な部下も、卓越した兵器も必要です。

なぜ信長は本拠地を移転できたのか

兵士ということで言うと、武田信玄や上杉謙信の軍団の兵士は、その九割が地元の百姓を徴兵したものでした。理由は簡単です。新たに兵を雇うと人件費がかかるからです。それよりも領主の権威で徴兵すれば、経費はかかりますが、人件費はかかりません。これは今も昔も共通の素晴らしい利点です。

ただし、これには問題もありました。

信長・秀吉以前の戦国大名の基盤は基本的に農業でした。しかも当時の農業は今と違って多大な労力を必要とします。昔の農業では、新田開発にブルドーザーやダイナマイトは使えませんし、強力に水を引いてくるポンプもありません。そして意外に多くの人が気づいていないのが、昔は農薬も除草剤もなかった、ということです。

農業というのは、実は自然破壊です。自然というのは、凹凸の土地に下草やあらゆる種類の樹木が生えていて、当然、昆虫や小さな獣も、猪や熊のような大きな獣もいます。それらを一切排除して、しかも更地にして、そこに人間にとって都合の良い植物を植えるのが農業というものです。

当然、そこには自然の逆襲があります。昆虫や小獣はその作物を隙あらば食べてしまおうと狙ってくるし、そもそも自然の大地ですから、あらゆる種類の植物が成長しようとしてきます。それを人間は、自分の都合で害虫、害獣、雑草などと呼ぶわけですが、昔の農業はそうしたものとの戦いであったために、大勢の人間の労力を必要としたのです。

今は害虫や害獣に対する「生物化学兵器」というべき農薬や、同じく雑草に対する「生物化学兵器」である除草剤が発明され、機械化もなされ、農業はうんと楽になりました。また、遺伝子組み換え作物というのもあります。これはあらかじめ害虫がつかないように遺伝子を操作したものです。

つまり、なぜ遺伝子を組み換えるのかというと、農業を省力化するためなのです。これは、逆に言えば、それ以前の農業は、それこそ戦争で戦える兵士のような頑強な肉体を持った男性を多数必要としたということです。

ですから、武田信玄や上杉謙信は、滅多に戦争ができませんでした。彼らにとって一番戦争のしやすい時期は、秋の刈り入れが終わってから、翌年の春の田植えまででした。そこであれば、兵士をフル稼働することができました。逆に言えば、**農業が忙しい時期には全力で戦うことはできなかった**ということです。

武田信玄と上杉謙信が信州川中島で複数回戦っても結局勝敗がつかなかったのも、双方が名将だったというよりは、刈り入れが終わってから翌春までのわずかな時間しか戦えなかったからです。しかも信州川中島に初雪が降る頃は、謙信の本国越後は雪に閉ざされてしまう危険性があります。だから、短期決戦をするしかなく、ボクシングで言えば一二ラウンドまで戦えば決着がつくのに、毎年三ラウンドやっては引き上げていたので、結局決着がつかなかった、ということなのです。

そうした戦争のやり方に終止符を打ったのが、織田信長です。織田信長は、農業は農業できちんと経営し、それ以外にも商業を盛んにして、その利益で兵士を雇うことを考えました。徴兵制から傭兵制への変換と言ってもいいし、専門兵士の育成と言ってもいいでしょう。

兵の九割を占める足軽を百姓に頼る限り、農業経営は大切ですから、本拠地を移動するわけにはいきません。しかし信長は尾張国の清洲《きよす》（清須）、尾張国の小牧山《こまきやま》、美濃《みの》国の岐阜、近江《おうみ》国の安土《あづち》と、主なものだけでも四回も本拠地を移転しています。しかも最後は海に面した大坂に移転する意図があったことは明らかです。

なぜ信長軍団が簡単に移転できたのかというと、農業との兼業兵士ではないからです。土地に縛られず、自由に動くことができたのです。だから、信長とその跡を継いだ秀吉は天下を取れました。信玄や謙信の軍隊がいかに強いといっても、一年間フル稼働はできません。一方信長の軍は、金で雇った兵は弱兵ではありましたが、一年中フル稼働できました。それに、その弱さという点については、鉄砲という新兵器で補うこともできました。だから信長や秀吉は、最終的にライバルを圧倒して天下を取ることができたのです。

戦争を簡単にはやめられないという「世界史の常識」

しかし、問題はここからです。

日本人は平和になったのだから、戦争などやめればいいと簡単に考えますが、それは「世界史の常識」に反しているのです。

なぜなら、秀吉の配下はすべて専門兵士だからです。彼らは秀吉と同じく、おとなしく百姓をしていれば安穏な生活ができたのに、命の危険があるのにもかかわらず、出世を目指してこの世界に飛び込んできた連中です。そういう人間たちが最終的に何を望むかというと、戦争なのです。なぜなら、戦争が続く限り、足軽は侍大将になれるかもしれないし、侍大将は大名に出世できるかもしれないからです。

そもそも目の前には最下級の兵士から、天皇に次ぐ身分である関白になった秀吉がいるのですから、誰もが秀吉先輩にあやかりたいと考えるのは自然なことです。

そんな彼らに、秀吉が「君たちご苦労さん、もう戦争は終わったから全員クビだ」などと言ったら、どうなるかおわかりでしょう。彼らは優秀な兵士で卓越した武器を持っていて、そして戦うこと以外、たとえば田んぼを耕すなどということは知らないのです。当然、大半が怒って秀吉の政権はあっという間に潰れます。

ではそれを防ぐためには、どうしたらいいでしょうか？

もう国内に敵はいないのですから、その優秀な兵士と卓越した武器を持って海外を侵略するしかありません。そうすれば兵士たちは出世の機会を失うことなく、今より上の身分になれるからです。

世界史を見ると、秀吉と同じような立場に立った人間に、アレクサンドロス大王とチンギス・ハーンがいたことがわかります。ナポレオン・ボナパルトにもその傾向はありますが、要するに、**強大な軍事力を持って、その国を平定した人間は、決して「戦争をやめよう」などとは言い出せない**ということです。

アレクサンドロス大王は、強大な軍団をつくってしまったために、戦争をやめられなくなってしまった典型例です。アレクサンドロス大王は、世界で初めて世界征服を目指した王だったとも言われています。ではその征服戦争はいつ終わったかというと、アレクサンドロス大王の一行がインドまで行ったときです。

インドはヨーロッパ出身の兵士たちにとっては耐え難い暑さの国でした。わかりやすく言えば、こんな国をもらってもうれしくないということです。そういう兵士が増えたことで、ようやくアレクサンドロス大王は戦争をやめることができました。

西洋史では常識ですが、アレクサンドロス大王は部下の兵士とペルシャの美女たちを何千人も集めて集団結婚式を強行したという伝説があります。私は、これは伝説ではなく、ある程度事実だと思っています。というのは、兵士たちに戦争をやめさせるためには、家庭を持たせるのが一番だからです。

唐入りのとき、実は兵士はイケイケムードだった

もうおわかりですね。秀吉が天下を取った後、海の向こうの領土を取るぞと言ったとき、大勢の人間は、少なくとも部下の兵士たちはやる気充分で万歳を叫んだのです。

もしも、秀吉の無謀な侵略戦争に対し、部下たちが嫌々従ったと思っていたとしたら、それは大きな間違いです。

実は、「兵士たちは嫌々従った」のだと最初に言い出したのは、秀吉の後に天下を取った徳川家の人間なのです。

家康の御用学者に林羅山《はやしらざん》という男がいますが、その男が『豊臣秀吉譜』の中で、秀吉はなぜあんなバカなことをしたのかというと、それは晩年になって初めて生まれた子供である鶴松《つるまつ》が赤ん坊のうちに亡くなってしまい、その悲しみを紛らわすためだったと書いたのです。

情けないのは、多くの歴史学者がいまだにこの情報操作に乗せられて、これが真相だと思っていることです。

これも「世界史の常識」ですが、ある政権を倒した次の政権は、必ず前の政権が倫理的に悪いものだったと言うものなのです。そう言わなければ、自分たちの行為が正当化されないからです。

実際、徳川家康は、豊臣家を滅ぼすのにかなり無理なことをやっています。そうしたことを正当化するためには、豊臣家に倫理的な問題があったと主張する必要があったのです。そういうことも世界史では常識なので、世界史と比較する視点を持っていれば、こうした情報操作に乗せられることはなかったはずなのです。

ちなみに、情報操作といえば、もう一つあります。

それは、林羅山が「神君家康公は賢明であるが故に、このバカな戦争に参加しなかった」としていることです。**これも大嘘で、実際には家康は参加させてもらえなかったのです。**なぜなら秀吉は、この戦いに勝つと思っていたからです。

皆さんも自分に置き換えて考えてみてください。会社の仕事でもプライベートなことでもどんなことでもいいのですが、普通人間はうまくいくと思うから、それを実行するわけです。秀吉も当然そうでした。

彼には優秀な部下と膨大な資金がありました。そして、多くの日本人は認識していませんが、実はこの時代は、日本で金そして銀が最も多く産出した時代だったのです。その量は、世界と比較しても非常に多く、当時の日本は、世界一の金の産出国であった可能性もあるのです。さらに、当時の日本には鉄砲という新兵器が大量にありました。

だから、勝つことが前提でした。ちなみに最終目標は朝鮮ではなく明国です。当たり前の話ですが、戦争の勝利に貢献した大名には、多大の報酬を与えなければいけません。もし、徳川家康を参加させていたら、当時二五〇万石のクラスの大名であった家康をさらに大きな大名にしてしまうことになります。

天下一の軍師・黒田官兵衛が何もさせてもらえなかったのも同じ理由です。

ご存じの方も多いと思いますが、秀吉は彼に大禄を与えたら天下を取ると警戒していました。だから、この二人は仲間はずれにしたのです。

そして子飼いの大名である加藤清正や小西行長《こにしゆきなが》や宇喜多秀家《うきたひでいえ》らに戦いを任せ、勝利の暁には、彼らに大きな領土を与えようとしたのです。もし勝っていたら関ヶ原の戦いなど起こらなかったでしょう。

しかし、秀吉にとっては残念ながら、この計画は失敗しました。

その途端、それまでイケイケムードだった人々が手のひらを返し、ちょうど秀吉が亡くなってしまったこともあり、**この無謀な戦争には私ははなから反対だったなどと言い出したのです。これは「世界史の常識」というより「人間社会の常識」と言った方がいいかもしれません。**

人は誰しもそういう人間を見た記憶があるはずです。うまくいっているときは自分が先頭に立っているような顔をしていたのに、そのプロジェクトが失敗すると、初めから失敗すると思っていたんだよ、などと言う卑怯な人間。そういう人がいるのが人間社会の常なのです。

逆に考えてください。戦争が始まったとき、「この戦争には絶対勝つ、オレは北京で一〇〇万石もらうんだ」などと日記に書いた人間が、その日記をそのまま残しておくと思いますか？　実は太平洋戦争のときもそういうことを言った人間がいました。ただし当時は、テレビはなかったけれど、出版物やラジオ放送はありましたから、そういう景気のいいバカなことを言った人間の記録はきちんと残りました。しかし、秀吉の時代は放送どころか出版もない時代です。あるのは若干の公文書と個人の記録だけ。当然、戦争初期のイケイケムードの記録は残りません。本当は戦争に賛成していたくせに、やっぱりこの無謀な戦争はやるべきではなかった、などと書いた記録しか残らないのです。

歴史学者というのは専門家です。その、最も卓越した能力の一つは昔の文書をスラスラ読めることでしょう。漢字や仮名の崩し字で書かれた難解な文章は、残念ながら私には読めません。彼らはそれができるので、それができない人間を頭からバカにするわけです。「井沢元彦はナマの史料が読めるのか、読めないだろう。豊臣時代の史料にこの戦争には賛成だと言っているものは一つもない。あいつは愚かにもそれがわからないのだろう」と。

史料に書かれていることが、そのまま史実とは限りません。世界史の常識と比較し、人間社会の常識と比較し、史料の中から真実を読み取ることこそが、歴史学者の務めだと私は思うのですが、いかがでしょうか。

第二章　「長期の時間軸」で見ると歴史はわかる

織田信長は日本の歴史教育の被害者である

さて皆さんも、世界史との比較という視点に少し慣れていただけたことと思います。

そこで、ここからはもうワンランク上の「比較」に踏み込んでいきたいと思います。それは、「時間軸での比較」です。ワンランク上、と申し上げたのは、時間軸での比較は、単純に比べただけでは真実が見えてこないからです。

時間軸での比較で大切なのは、当時の人の気持ちになって考えてみる、ということです。もっとわかりやすく言うなら、**今の時代を生きている「自分の常識で物事を考えるのをやめる」**ということです。

では、そのことを頭に入れて、次の文章をご覧ください。

嫌いになった理由はたくさんあるけれども、それをいちいち書く必要はなく、信長が行った殺戮《さつりく》ひとつをあげれば足りるように思う。

それはいかにも受けいれがたいものだったのだ。ここで言う殺戮は、もちろん正規の軍団同士の戦闘のことではない。僧侶三、四千人を殺したという叡山《えいざん》の焼討ち、投降した一《いっ》向一揆《こういっき》の男女二万を城に押しこめて柵で囲み、外に逃げ出せないようにした上で焼き殺した長島の虐殺、有岡城の人質だった荒木一族の処分、とりわけ郎党、侍女など五百人余の奉公人を四軒の家に押しこめて焼き殺した虐殺などを指す。

虐殺されたのは、戦力的には無力な者たちだった。これをあえて殺した信長の側にも理屈はあっただろうが、私は根本のところに、もっと直接に殺戮に対する彼の好みが働いていたように思えてならない。

（「信長ぎらい」藤沢周平・文藝春秋）

信長の「改革」は人殺し「改革」である。信長を称揚する人は、小泉を含めて「改革」のためにはそれも止むを得ないと言うのだろう。しかし、「殺される側」に立って、断固、信長に異議を唱えた作家がいる。藤沢周平である。藤沢は「信長ぎらい」というエッセイで、信長をヒトラーやポルポトと並べ、こうした人間が「無力な者を殺す行為をささえる思想、あるいは使命感といったものを持っていたと思われるところが厄介なところである」と断じた。

（『佐高信の毒言毒語』佐高信・講談社）

このお二人のことは、皆さんもご存じだと思います。藤沢周平さんと言えば、亡くなられましたが、日本を代表する素晴らしい時代小説作家です。そして、佐高信さんと言えば、現役の練達の政治評論家です。その二人が揃いも揃って「織田信長という男は人殺しである、政治家として評価できない」という趣旨のことをおっしゃっています。

この評価は正しいでしょうか。

結論から申し上げます。正しくありません。これはまったく事実誤認に基づく不当な評価です。しかし、ここでお二人を非難しようというわけではありません。今の歴史教育を受けていれば、必然的に誰もが、相当高い知性を持った人間でも、この結論に至ってしまうということを申し上げたいのです。織田信長は、いわば誤った歴史教育の被害者です。

織田信長は、日本の歴史教育を普通に受けた人が評価すると、人殺しマニアで、ヒトラーやポル・ポトと同じで、政治家として評価するに値しない、ということなのですから。

しかし私はここではっきり申し上げますが、その評価は完全に間違っています。**織田信長は**

戦国史のレベルで見ても極めて高い評価を与えられる、素晴らしい政治家です。

では、なぜそうなるか、ご説明しましょう。

まずは、前章と同じことの繰り返しになるのですが、もう少し世界史と比較する目を持って織田信長という人を見るとどうなるか、という話をしましょう。

藤沢さんが信長の虐殺の例として挙げている比叡山焼き討ちは一五七一年でしたが、その翌年一五七二年に海を越えたフランスで、聖バルテルミの虐殺という大事件がありました。

> 1572年8月24日、聖（サン）バルテルミ（英語ではバーソロミュー Bartholomew）の祭日に、新教徒（ユグノー）がパリで大量虐殺された事件
> フランスの幼王シャルル9世の母后カトリーヌ＝ド＝メディシスは、旧教徒の首領ギーズ公アンリと結んでコリニー提督など新教徒数千余人を虐殺し、このためユグノー戦争はさらに激化した。
> （『旺文社世界史事典 三訂版』）

これは、カトリックがプロテスタントを虐殺したという事件です。おわかりですか、そもそも同じキリスト教なのです。信じる神は同じイエス・キリストです。しかしながら、カトリックは、新しくカトリックへの対抗勢力として生まれてきたプロテスタントを、悪魔の教えを奉

じるものとして徹底的に弾圧しました。

本書のテーマは世界史の話ではないので、簡単に申しますと、このカトリックの態度は公平ではありません。実は当時、カトリックの総本山であるバチカン（ローマ教会）は、聖書の内容を歪《ゆが》めて教えていました。たとえば、人間は神の前で平等ではなく、国王は神に選ばれた存在であって、だから人民は国王に従わなければいけない、などという言い方ですね。王権神授説という言葉を思い出す方もいらっしゃるでしょう。

ところが、聖書を読んでみると、そういうことはまったく書いてありません。にもかかわらず、その嘘がまかり通ったのは、聖書がそれまで基本的にはローマ帝国の共通語であるラテン語で書かれたものしかなく、ローマ帝国が解体した後、イギリスやフランスやイタリアといった民族国家では、それぞれの方言にあたる言葉が共通語になってしまい、ラテン語の聖書が読めなくなっていたからなのです。

それに対してマルティン・ルターという良心的な神父が、「いや、聖書にはそんなことは書いてないよ」と、聖書をドイツ語に訳して広く訴えました。これが、いわゆる「宗教改革」です。確かに彼の言う通りなのですから、プロテスタントはヨーロッパ中に広まり、それをフランスではユグノー、イギリスではピューリタンと称しましたが、彼らは旧勢力であるカトリックから弾圧されました。問題は、弾圧というのは、赤ん坊に至るまで皆殺しにする、ということだったということです。

もう一度繰り返しますが、相手は同じキリスト教徒です。同じキリスト教徒であるにもかかわらず、カトリックとプロテスタントという宗派の違いが、虐殺を生んだのです。

ちなみに、イギリスではヘンリー八世の時代（一五三四年）にカトリックから転向し、独自にイギリス国教会を設立するので、厳密にはプロテスタントではないのですが、彼らもピューリタンを弾圧したため、ピューリタンは当時イギリスの植民地であったアメリカに渡って最終的には独立しました。共存できなかったからです。

日本に宗教戦争はなかったという嘘

ここで「世界史の常識」を頭に叩き込んでください。

要するに、**織田信長の生きた時代には、世界中で同じ宗教でも宗派が違えば相手は悪だから殺してもいい、という常識があった**ということなのです。ちなみにイスラム世界では、いまだにこの常識が生きていて、スンニ派とシーア派の争いが、今も続いていることはご存じのことだと思います。

日本はそうじゃなかっただろうって。とんでもない！

では、歴史辞典の記述をご覧ください。

天文法華の乱　てんぶんほっけのらん
　天文五年（一五三六）叡山僧兵と六角近江衆を中心とする軍勢が洛中に乱入し、京都法華宗二十一本山を焼き討ちした乱をいう。法華宗内では天文法難・天文法乱という。（中略）山門の勢力は十五万とも、また近江衆三万・山門三万・寺門三千とも、法華宗側は二十一本山の僧俗門徒が中心で、二万とも、三万ともいわれ、諸書で異なる。最初戦況は膠着したが、二十七日早朝、近江衆が四条口から乱入し、洛中の所所に放火して結着した。下京は悉く焼失、上京は三分の一が焼け、翌日までに法華宗二十一本山すべてが没落炎上した。法華宗側は、乱戦の中で切腹した妙覚寺当住日兆など多くの僧俗門徒が戦死し、その数一万、あるいは三、四千と伝えられている。無事であった内裏に数千の民衆が避難し、女子供が押殺され、また水に渇して死ぬもの合計数百に及んだという。この乱戦のなかで、法華宗諸山は本尊聖教を背負い堺に落ちのびたのである。この乱を災害の面からみると、兵火の被害は応仁の乱をはるかに上廻り、また罹災そのものの規模は天明の大火に匹敵した。（以下略）

（『国史大辞典』吉川弘文館）

おわかりですね。このときの加害者は山門（叡山）、つまり比叡山延暦寺です。信長が焼き討ちした、あの比叡山延暦寺は、実は武装集団で、僧兵という人殺し集団を抱えていました。

僧兵の存在はご存じですよね、源義経の一の子分、武蔵坊弁慶は僧侶ですが、長刀の名手であり、なまじの武士よりはるかに強い。そういうおっかない連中を、比叡山延暦寺は大量に抱えていたのです。そして**彼らから見ると、日蓮（法華）宗というのは同じ仏教徒でも、邪教の信者なのです。**

仏教は宗派によって信じる仏様が違います。たとえば、浄土宗、浄土真宗、一向宗や時宗は阿弥陀如来《あみだにょらい》を本尊とします。しかし実は、日蓮宗と比叡山延暦寺の宗派である天台宗は、同じ釈迦如来《しゃかにょらい》を信仰の対象とします。それに、一番重視する経典も法華経《ほけきょう》（妙法蓮華経）であって同じです。にもかかわらず、その解釈の違いが許せないということで、比叡山延暦寺は僧兵を大量に送って、当時、京都の中心部にあった日蓮宗の寺院二一本山すべてに焼き討ちをかけたのです。

念のためですが、焼き討ちというのは、不意を襲い、取り囲み、火矢を射込み、松明《たいまつ》を投げ込み、中にいる人間をすべて焼き殺すことです。赤ん坊であれ、女性であれ、容赦なく殺されたのです。聖バルテルミの虐殺とまったく同じです。

日本にも宗教戦争があった、ということです。この事実を知らないと、織田信長の行ったことは語れないのです。

しかし、日本史の教科書にその事実は明記されていません。

初め東国を基盤にして発展した日蓮宗《にちれんしゅう》（法華宗《ほっけ》）は、やがて京都へ進出した。とくに6代将軍足利義教《あしかがよしのり》の頃に出た日親《にっしん》の布教は戦闘的であり、他宗と激しい論戦をおこなったため、しばしば迫害を受けた。

（『詳説日本史』山川出版社）

畿内周辺にはなお、信長に敵対する勢力が多かった。1571（元亀《げんき》2）年、信長はその1つで日本仏教の中心として大きな権勢を誇っていた比叡山延暦寺《ひえいざんえんりゃくじ》を焼討ちした。

（『詳説日本史』山川出版社）

どちらも嘘ではありませんが、大事な事実が記されていません。事実、天文法華の乱なんて日本の歴史にとって、それほど重要な出来事ではない、と言う人は多いのではないでしょうか。

織田信長「以前」と「以後」で歴史はこんなに違う

皆さんは今、こう思っていませんか？ 私が何度も言っているように、同じ宗教を信じているのだから仲良くしたらどうか。少なくとも、宗派が違うというだけで殺し合うのはとんでもないと。

はい、その通りです。でも、それは今の常識ですよね。

では、その常識を誰が確立したのだと思いますか？

ヨーロッパ世界では、長い時間をかけてカトリックとプロテスタントの和解がようやく成立しました。正確に言うと、両者の和解が成立したのは、二十世紀の第二バチカン公会議においてです。

しかし**日本ではそれより約四百年も早く、あなたが今思っている常識が確立していました。誰が確立させたかもうおわかりですね。織田信長なのです。**

織田信長は、宗教を弾圧したのではありませんよ。えっ、そんなバカな。比叡山は焼き討ちしたし、一向宗徒は大虐殺したじゃないか、ですって？　本当の宗教弾圧というのは、たとえば、のちに豊臣秀吉や徳川家康がやったように、キリスト教を信じることを許さない、棄教しなければ殺すぞ、というものです。

信長が確立しようとしたのは、お前たちは宗教団体なのだから、人を殺すのはおかしいだろう、武力をもって違う考えの人間を殺すのはもうやめろ、ということなのです。

しかし、いくら口で言っても、世界の常識に従っていた天台宗延暦寺も、浄土真宗の一向一揆もいっこうにやめなかった。

だからこそ信長は、自分の信念、つまり宗教団体なのだから殺し合いはやめろという理想を確立するために、戦い続けたのです。

おわかりでしょうか。**信長が最終的に目指したのは、「宗教団体の武装解除」なのです。**

ここで江戸時代を思い出してください。江戸時代のお寺に僧兵は一人もいませんね。僧侶も小坊主もすべて丸腰です。寺侍《てらざむらい》というガードマンはいましたが、あれは武士なので、僧兵のような人間は一人もいません。このことからわかるのは、江戸時代には宗教団体の武装解除は完全になされていたということです。

武装解除というのは極めて困難です。なぜならば、それは丸腰になれ、ということだからです。弾圧されることを恐れる人間は、決して武器を手放そうとはしません。それを実行するためには、比叡山焼き討ちのようなことが、あるいは一向一揆皆殺しのような強硬手段が必要だったのです。

信長がそういうことをやってくれたおかげで、秀吉は楽でした。秀吉の基本政策に「刀狩り」というのがあったのを覚えていますか？　刀狩りとはなんでしょう。そう、現代で言えば武装解除です。

問題は、誰の武装を解除したのか、ということです。

このとき、武士は武器を取り上げられてはいません。要するに秀吉は、俺が天下を統一したことによって、治安はすべて俺が守ってやる。だから庶民も寺も武器を持つのをやめろ、ということを成し遂げたわけです。

ちなみに、比叡山延暦寺のライバルである高野山金剛峯寺《こうやさんこんごうぶじ》という真言宗の総本山にも僧兵はいました。しかし秀吉は、これをやすやすと武装解除することに成功しました。それは、秀吉が信長の家臣だったからです。

かつて比叡山は、武器を捨てないと焼き討ちするぞという言葉を信じようとはしませんでした。それも当然でしょう。そんなことをした人間は、それまでいなかったのですから。

しかし、信長は敢然とそれを実行しました。だからこそ、秀吉は無血で高野山を武装解除することに成功したのです。高野山側が、あの信長の後継者である秀吉なら、きっとやるだろうと恐れたからです。

ちなみに、それでも逆らった真言宗の寺院がありました。鉄砲衆を抱えていた一乗山大伝法院《いちじょうざんだいでんぽういん》根來寺《ねごろじ》です。根來寺は、一五八五年に秀吉によって焼き討ちされました。しかし、**これをもって政治権力に武力をもって逆らおうという宗教団体は根絶されました。だから家康の時代、つまり徳川時代の僧侶はすべて丸腰だったのです。**

信長の目的が宗教弾圧ではなく、宗教団体の武装解除であったことを証明する根本史料があります。それは、信長と本願寺（一向一揆）の大決戦が、大坂でようやく終結を迎えたとき、信長が、一向宗が石山本願寺を退去するにあたって、与えた血判の誓約書です。それを引用します。

（天正八年）三月十七日付け織田信長覚書／織田信長起請文　本願寺所蔵

覚

一、惣赦免事、
一、天王寺北城、先近衛（前久）殿人数
入替、大坂退城之刻、太子塚をも
引取、今度使衆を可入置事、
一、人質為気仕可遣事、
一、往還末寺如先々事、
一、賀州二郡、大坂退城以後、於如
在者、可返付事、
一、月切者、七月盆前可究事、
一、花熊・尼崎、大坂退城之刻可

渡事、
三月十七日（信長朱印）
（以下略）

（『織田信長の古文書』山本博文、堀新、曽根勇二 編・柏書房）

最初の「惣赦免事」の意味がわかりにくいと思いますが、これまでの罪は一切許す。戦犯裁判などは絶対しないということです。また四項目の「往還末寺如先々事」は、これまで通り日本中どこで布教しても構わないという意味です。この一行を見るだけでも、信長が宗教弾圧者でなかったことはわかります。彼は布教活動を禁止してはいないのです。彼が許さなかったのは、宗教団体が武力を行使すること、それだけなのです。

宗教団体の武装解除を成し遂げ、世界で最初に宗教戦争のない国家を実現したのが織田信長なのです。

時間軸を短くして歴史を見ると、何が変化したのかに気づきません。戦国時代では宗教団体は武装化していて、江戸時代では丸腰になっていた。**信長「以前」と「以後」ではまったく異なるのです。時代を超えて、長い時間軸で比較すれば、その変化に気づくはずです。**

私は常々、「世界が信長の存在を羨《うらや》む日がきっと来る」と言っているのですが、その意味がおわかりいただけたでしょうか。

北条早雲との比較で信長の女性観がわかる

皆さんは、織田信長がフェミニストだったと言ったら信じるでしょうか？

まあ、フェミニストというのは少々言い過ぎかもしれませんが、信長が女性を尊重していたことは紛れもない事実です。

このことを理解するために、戦国大名として非常に有名だった北条早雲《そううん》という人と比較してみましょう。

北条早雲は、いわゆる信長の時代に関東の覇王となった北条氏康の先祖にあたる人で、もともとは伊勢《いせ》新九郎《しんくろう》と言いました。自分の妹が今川義元の祖父である今川義忠に嫁《とつ》ぎ、世継ぎを産んだことをきっかけに、都から関東に流れてきて、まずは一城の主となり、後に伊豆国を乗っ取り、どんどん領土を広げ、氏康の時代には関八州を支配し、小田原を本拠地として「関東の覇王」と言われたほどの、典型的な戦国大名です。

この北条早雲というのは苦労人でした。信長は大名の若殿として育ちましたし、家康も人質状態であったものの、大名の若殿でした。しかしこの新九郎は、一から叩き上げて大名になった人です。

彼は家訓を残しているのですが、それは彼の号にちなんで、「早雲寺殿廿一箇条《にじゅういっかじょう》」と言います。これを読んでみると大変面白い。たとえば出仕、つまり出勤するにあたって、いきなり上司のところに顔を出さず、まず同僚に今日の上司の機嫌はどうかなどと聞いてから出るべきだと言っています。たとえば、特定の球団のファンで、その球団が負けた日の翌朝は機嫌が悪い、という部長や課長が以前はいました。そういうときに贔屓《ひいき》の球団の勝敗も確かめずにいきなり挨拶をし、機嫌を悪くさせ、さまざまな支障を来すということは、今でもないわけではありません。昔もそういう上司がいたのでしょう。

他にも北条早雲の書き残したことに、心得として休日でもちゃんと月代《さかやき》を剃《そ》っておけ、というのがあります。月代というのは、兜をかぶったとき蒸《む》れないように、頭の髷《まげ》以外のところを剃っておくというものです。時代劇でよく出てくる頭です。一度剃ってしまうと、男性にはよくおわかりでしょうが、一日経っただけで髪が少し伸びてきて、非常に見苦しい状態になります。しかし昔のことですから、電気カミソリでパッと剃るというわけにもいきません。しかし戦国時代ですから、突然の出陣というのも考えられないわけではないので、やはり新九郎は、そういうことを言ったのでしょう。

そういう苦労人の彼でも、むしろ苦労人だからこそかもしれませんが、女性に対する見方は実に辛辣《しんらつ》です。女というのは体裁だけを大事にし、ものを散らかしたり、役に立たないのだから、男自身が火の用心をきちんとすべきなのだ、などと書いてあります。

前にも述べましたが、火の用心というのは、木造文化の日本においては、極めて大切なことです。火を出せば戦わずして城が落ちることにもなりかねませんので、どんな家でも、特に戦国武将の館などでは、火の用心ということがきつく言われたのです。

ところがあるとき、信長が支配していた安土城下で火災が起こりました。本来なら城を守るべき弓衆の家から火が出て、あやうく大火事になるところでしたが、幸いにして消し止められました。信長がその失火の原因を調べてみたところ、その家来が安土に単身赴任していたということがわかりました。

これも織田家以外ではあり得ない話です。前にも述べたように、織田信長の軍団の兵士は全部が専門兵士です。したがって、武田信玄などそれ以前の大名の軍隊と違って、いつでも本拠地が移転できます。武田信玄にせよ、上杉謙信にせよ、九割が地元から徴兵した百姓兵ですから、農業が忙しいときは地元に戻さなければいけません。一人信長だけが長期間京都に軍隊を駐屯《ちゅうとん》させることができるし、本拠地を移転することもできたわけです。

したがって、単身赴任という言葉も、信長軍団、あるいは信長以降でしかあり得ない言葉なのです。

やはり昔も今も同じで、信長以降は親族とのしがらみや、息子の教育のことなどもあり、夫が単身赴任するというようなこともあったようなのです。

そうした事情はともかく、失火が起こったのは、単身赴任ではなかなか整わない家の中の取締が原因だったことがわかったのです。

前にも述べた通り、火災というのは戦わずして都市が全滅してしまうこともあるのですから、厳罰に処するところです。しかし、信長がまず言ったことは、「一刻も早く妻子を呼べ」ということでした。

そして、他にも単身赴任している家臣がいないかどうか調べ上げ、ここからがなんとも信長流なのですが、単身赴任していた家来の家族が住んでいた家を焼き払わせたのです。もちろん家族を殺したわけではありません。一刻も早く家族が移転してくるようにそうしたのです。

このことからわかるのは、**信長は、北条早雲のような旧大名と違って、家臣の妻の働きを極めて重要視していた**ということです。ちなみにこの逸話は、信長の信頼できる記録である『信長公記』にちゃんと載せられています。

他の大名と比較して初めて信長の特異性が見える

戦前の道徳の教科書には、「山内一豊《やまうちかずとよ》の妻」という話が載せられていました。

山内一豊は織田家の侍です。

この話は、安土城下での話と思われますが、東北の馬商人が見事な馬を引いてきたのに、誰も買える者がいない。商人は嘲《あざけ》りの言葉を口にしますが、一豊はどうすることもできず、一人とぼとぼと家に帰りました。すると、一豊の話を聞いた妻の千代《ちよ》が、金一〇枚を出してくれて、見事にその馬を買うことができた、というのがこのエピソードです。

しかもその後、織田家で馬揃えがあり、一豊はその見事な馬に乗ってパレードに出ることができました。馬揃え、つまり軍事パレードの様子を見ていた信長は、貧しい侍なのに見事な馬に乗っている一豊を見て仰天し、家来に事情を尋ね、そして大変喜んだと伝えられています。

信長が喜んだのは、第一に、東北の商人を手ぶらで帰さなかったことです。織田家の侍にそうした馬を買う能力がないということは、天下の嘲りを受けることになります。それだけではありません。武士というものは主君から禄《ろく》を貰《もら》っていますが、その給料は主君に仕えるための費用とすべきだというのが当時の考え方でした。平たく言えば、給料が安いにもかかわらず見事な馬や槍を持っている家臣は、家臣としての心がけがいい、ということになります。

これで下級武士だった一豊は、信長の注目を受け、それが出世のきっかけになり、最終的には土佐二〇万石の大名になったと言われています。

つまり、この話が教科書に載っていたのは、妻というのは内助の功で夫に尽くすべきであり、その好例であると考えられていたからなのですが、ここで注目して欲しいのは、妻の名前が「千代」だとわかっていることです。

実は、その理由は、後ほど宗教のところで詳しく述べますが、**信長以前の時代は、女性の名前はほとんど記録に残っていないのです。**

え、そうだっけ？　と思われたとしたら、それは大河ドラマなど時代劇の弊害です。

たとえば、武田信玄の正夫人の実名はわかっていません。そのため歴史学者は、京都の三条家からお嫁に来たので「三条夫人」などという言い方をします。信玄の跡を継いだ勝頼の生母も隣国諏訪家の姫だというだけで実名はわかっていません。そのため歴史学者は「諏訪御料人《すわごりようにん》」、つまり諏訪家のお姫様という言い方をします。

ここで、「えっ、それは由布姫《ゆうひめ》と言うんじゃないの？」と、思った方もいるかもしれませんが、それは小説家、井上靖さんがフィクションの中でつけた名前なのです。

ドラマや小説では、主人公がヒロインの女性を実名で呼ぶ必要があります。まさか信玄が自分の妻のことを諏訪御料人などと呼ぶはずがないからです。そのため、便宜上「由布姫」とか「湖衣姫《こいひめ》」といった名前がつけられているのです。

これは武田信玄に限った話ではありません。毛利元就であれ、上杉謙信であれ、周辺の女性は、シナリオライターや小説家が名前をつけているのです。そうでなければ、ドラマが成立しないからです。

ところが、信長の周りの女性に限っては、こうした創作は行われていないのです。なぜなら、信長の正夫人は「帰蝶《きちょう》」、信長の一番の家来である豊臣秀吉の妻は「ねね」、前田利家の妻は「まつ」、そして山内一豊の妻は「千代」と全部わかっているからです。これは実は例外中の例外で、それ以前はまったくなかった話なのです。

織田信長という男が、日本史上いかに画期的な男だったかということがおわかりいただけたでしょうか。

織田信長がどれほど画期的なことを実践した人物なのかは、あまたいる戦国大名の一人として考えたのでは見えてきません。

ここでも大切なのは、信長と他の大名を「比較」してみることなのです。信長が兵農一致が当たり前の時代に専業兵士を実現できたのは、商業を盛んにすることによって、兵士に給料を払うことを可能にしたからです。その結果、信長は、田畑に縛り付けられることから解放され、兵士を連れて本拠地を何度も移動することができたわけです。

つまり信長は、現代風に言えば、商業を原資として下級兵士の人件費を賄《まかな》っていたわけですが、それ以前の大名（これ以降は旧大名と呼びます）にはそんなことはできません。旧大名はお金がないから、自分の領内の百姓を強制的に徴兵し徴用します。それには逆らえません。なぜなら拒否などしたら、家族がどんな目にあわされるかわからないからです。独身の男性にも両親はいますから、だから領主の命令には逆らえない。

信長の領民であれば、職業選択の自由があります。自分は兵士という人殺しはしたくないと思えば、農業や商業に専念すればいいわけです。生産性は当然上がります。また逆に、百姓の生まれでも、武士として生きていきたい人間であれば、豊臣秀吉のように兵士として採用もしてくれます。

ところが、旧大名の領内では、職業選択の自由もない。もちろん百姓の中にも戦が大好きという男もいたでしょうが、普通の人間なら命の危険がある戦場に駆り出され、人殺しをさせられるというのは、とてつもなく苦痛なものです。それに原則として、徴兵ですから給料も出ません。そこで徴兵する側も、彼らに甘い蜜というか、美味しい餌で釣ることを考えました。平たく言うと、略奪と強姦です。つまり、隣国に攻め入った際、百姓兵に対し「この城を落としたら、何でも略奪していいし、女はやりたい放題だ」、そういう「ボーナス」を出したのです。

そうでなければ、百姓も命を懸けて真剣に戦わなかったわけです。この行為を「乱妨取り《らんぼう》（乱取り）」と言います。この言葉、ご存じでしたか？　私の経験では、多くの人間が知りません。だからこそ、兵士に給料を払った信長が旧大名とまったく違って、人々から大いに支持されたこともわからないのです。

信長を理解することは日本史を理解すること

「乱妨取り」という言葉は使っていないのですが、たとえば、司馬遼太郎の小説『国盗り物語』には、上洛、つまり初めて京都に入った信長が、兵士の略奪や乱暴を厳しく禁じたというエピソードが出てきます。

これは『信長公記』にも載せられている歴史上の事実なのですが、たとえば、足軽が市女笠《いちめがさ》を被っていた女性の顔を覗《のぞ》こうとしました。そのベールの部分を捲《めく》るというのは、今で言うとスカート捲りのようなことですが、それをしただけで信長は、その兵士の首を自ら斬り落としたと言われています。確かに乱暴ではありますが、この背景にあるのは、我々織田軍は決して「乱妨取り」はしない、という決意表明でもあったわけです。

一方、武田信玄は、これも司馬遼太郎の先輩であり、歴史に深い洞察力を持っていた海音寺《かいおんじ》潮五郎《ちょうごろう》の『武将列伝』にも載せられているエピソードですが、ある城を落としたときに、その城で捕虜になった女性を、競売にかけて軍資金を稼いだという事実があります。つまりこれが戦国大名の実態だったわけです。

ところが大河ドラマでも、戦国ゲームでも、こうした要素を無視して、たとえば信長と信玄を同じ駒として扱ってしまっています。

誤解のないように言っておきますが、私は、大河ドラマや戦国ゲームを否定しているわけではありません。昔監修をやったこともあるし、どちらかと言うと応援団だと思っています。確かに大河ドラマの中には、歴史的事実、いわゆる史実を大きく外れたものも少なくありません。歴史学者の中にはこうしたところを強く批判する人もいます。もちろん、そのことについても否定しません。歴史学者の使命は歴史の真実を明らかにするところにあるのですから、明らかに歴史と違うところは指摘すべきだと思っています。

しかし、だからと言って大河ドラマに価値はないと否定するのは間違っています。私は歴史学者ではなく歴史家と名乗っていますが、その歴史家にとって一番困ることは、若い人が「織田信長って何？」あるいは「徳川家康なんて興味ない」などと言い出すことなのです。基本的な知識がなければ、このような本を書くことも意味がなくなってしまいます。つまり、大河ドラマ、あるいは戦国ゲームは、初心者向けの入門編としては極めて有効なツールなのです。

たとえば人気のアイドルが信長なり家康なりをやることによって、若い人が関心を持つ、これが重要なのです。そうすれば、実際の家康というのはもう少し太っていたとか（笑）、史実の描き方にこういう問題がある、という議論もすることができます。

そうした大河ドラマや戦国ゲームの効用を無視して、史実と違うことはやめるべきだと酷評するのは、歴史学者の驕《おご》りと言うべきでしょう。

私が言いたいのは、たとえば、ゲームの場合なら、戦闘力や政治力以外に「徳」なども数値化し、信長が一〇〇なら、信玄はマイナス一〇〇ぐらいにするというような形で、歴史上の真実を加味する方法も考えてみて欲しいということです。

女性尊重という立場でも、民衆から略奪をしないという政策でも、楽市・楽座政策による商業の振興、そして、それを原資とした給与形態に基づく兵農分離という点から見ても、**信長と、信長以前の旧大名は、完全に次元が違うものだからです。それを理解していないと、歴史的な真実はわからない**、ということです。

ちなみに、女性の名前について面白い事実があるので、それに触れておきましょう。

信長は、女性を尊重したが故に、家臣の妻の名前まで歴史に残っているわけですが、一時、織田家と武田家の和が成立した時期があり、そのとき信長の嫡男《ちゃくなん》・信忠と、信玄の四女（諸説あり）の姫が婚約しました。その相手の姫の名は「松姫」ということがわかっています。

つまり、武田信玄の正妻も、跡継ぎとなった勝頼の生母の名前もわからないのに、松姫と妹たちの名は、織田家と関わりを持ったことで、今に伝えられているのです。

織田信長を理解することは、まず、日本史を理解するためには非常に重要なことであり、信長を理解してこそ、豊臣秀吉や徳川家康のことも明確にわかってくるということが、納得していただけたでしょうか。

そして、織田信長を知るには、比較してみることが必要だということも。

日本の女性は「世界最強」だった

家康は、後に「大奥」と呼ばれるものをつくりました。

「大奥」とはなんでしょう?

中国では後宮、中東ではハレムと言います。一人の男性が大勢の女性を性的に支配するためのシステムと言ってもいいと思いますが、日本で本格的にそれをつくったのは、家康が初めてです。厳密に言えば、平安時代に天皇が君臨する御所に似たようなものがありましたが、本格的なものとは言えません。

では何を以て本格的というかと言えば、男子禁制かどうかということです。

中国では、それを貫くために後宮に出入りできる男性は宦官《かんがん》(去勢された男性官吏)だけと定められました。日本は結局、宦官の制度は採用せず、日本独自の制度をつくり上げます。

それにしても、大の女好きとして知られる豊臣秀吉にしても、それ以前の室町将軍家でも、ハレムをつくったという話は聞きません。なぜでしょうか、不思議じゃありませんか。

では、お答えしましょう。

それは、**日本の女性がものすごく強かったからなのです。ひょっとしたら世界最強だったか**

もしれません。もちろん冗談ではありません、ホントの話です。

皆さんは、ルイス・フロイスという名前を聞いたことがあるでしょう。戦国時代の日本にキリスト教布教のためにやってきたイエズス会の宣教師です。織田信長にも直に会っていることで有名ですよね。一九九二年のNHK大河ドラマ『信長　KING OF ZIPANGU』（緒形直人主演）では、ナレーターがポルトガル語を喋《しゃべ》るルイス・フロイスという趣向でした。

彼は日本に長期滞在し、膨大な報告書をバチカンに送っていますが、それがまとめられたのが『フロイス日本史』という本です。その訳者である松田毅一氏がフロイスの報告書の中から、日本とヨーロッパの習慣の違いに言及した部分を抜き書きしまとめたのが『フロイスの日本覚書』（中公新書）です。これが大変面白い。

以下、その内容を紹介します。「欧」とあるのがヨーロッパの習慣あるいは常識、「日」とあるのが日本のそれです（筆者、「欧」と「日」を追加）。

欧　未婚女性の最高の栄誉と財産は貞操。
日　処女の純潔を何ら重んじない。それを欠いても、栄誉も結婚（する資格）も失いはしない。
欧　夫婦間において財産は共有である。
日　各々が自分のわけまえを所有しており、ときには妻が夫に高利で貸しつける。

欧　妻を離別することは、罪悪であることはともかく、最大の不名誉である。
日　望みのまま幾人でも離別する。彼女たちはそれによって名誉も結婚（する資格）も失わない。

欧　堕落した本性にもとづいて、男たちのほうが妻を離別する。
日　しばしば妻たちのほうが夫を離別する。

欧　娘や処女を（俗世から）隔離することは、はなはだ大問題であり、厳重である。
日　娘たちは両親と相談することもなく、一日でも、また幾日でもひとりで行きたいところに行く。

欧　妻は夫の許可なしに家から外出しない。
日　夫に知らさず、自由に行きたいところに行く。

欧　堕胎はおこなわれはするが、たびたびではない。
日　いともふつうのことで、20回も堕ろした女性がいるほどである。

欧　嬰児が生まれ後に殺されることなどめったにないか、またはほとんどまったくない。
日　育てることができないと思うと、嬰児の首筋に足をのせて、すべて殺してしまう。

欧　女性が文字を書く心得があまり普及していない。
日　貴婦人においては、もしその心得がなければ格が下がるものとされる。

欧　女性が葡萄酒を飲むなどは非礼なこととされる。
日　（女性の飲酒が）非常に頻繁であり、祭礼においてはたびたび酩酊するまで飲む。

いかがですか。フロイスはさらにこう言っています（筆者、数字を追加）。

1、われらにおいては、挨拶は落ち着いた厳粛な顔でおこなわれる。日本人はいつも必ず偽りの微笑でもっておこなう。
2、ヨーロッパでは、言葉においては明瞭さが求められ、曖昧さは避けられる。日本では、曖昧なのが一番よい言葉であり、最も重んぜられる。
3、われらにおいては、他人から強要されることなく、各々が飲みたいだけ飲む。日本では、たがいにひどく無理に勧めあうので、ある者を吐かせ、ある者を前後不覚にさせることになる。
4、われらにおいては、だれかが酩酊すると、それは大いなる恥辱であり不名誉である（のに）、日本ではそれが自慢の種である。

1の偽りの微笑というのは、たとえば夫を失った妻が葬式の会葬者に微笑を浮かべて礼を言うようなことで、最近は少なくなりましたが、昔は日本人の不思議（夫が死んだのになぜ涙を流さない！）とよく話題にされたものです。

2については日本人について今も言われていることです。あるアメリカ人が煮え切らない日本人に業を煮やして「イエス　オア　ノー」と迫ったところ日本人は「オア」と答えたというジョークを思い出します。

3と4についても、これも最近は少なくなったものの、ちょっと前は大学の新入生歓迎コンパや会社の新入社員歓迎会などでよくあった光景ですよね。つまりフロイスの観察眼は正確だということです。

中東ではイスラム教の影響で女性の外出すらままならぬ状態でしたし、中国は中国で儒教は完全な男尊女卑で女性は「三従の教え」（幼少のときは父に従い、嫁いでは夫に従い、老いては子〈男子〉に従え）を強制されていました。気づかれましたか？　だからこそ女性の人権など完全に無視したハレムや後宮を千年以上前からつくることができたのです。

競争社会のままでは戦争はなくならない

ヨーロッパには、のちの「レディーファースト」につながる女性尊重の気風はありましたが、それはあくまで「女は弱いから保護してやらなければいけない」という上から目線のもので、フロイスが述べているように、日本の女性のような自由はありませんでした。

考えてみてください。日本は女王卑弥呼がいた国ですよ。当時のアジアの最先進国中国にさきがけて推古天皇（在位五九二～六二八）という女帝がいたのが日本です。巴御前《ともえごぜん》や北条政子という女傑もいましたし、そもそも戦国時代には女大名だっていたのです。

では、なぜ日本の女性は最強だったという歴史的事実を日本人は把握していないのでしょう？

ある男が日本の女性を弱くしてしまったからです。

そして、だからこそ彼は「ハレム」をつくることができたのです。

もうおわかりですね。それは家康の仕業なのです。女性の皆さんは、ムカっとしているかもしれませんね。

ではなぜ、家康がそんなことをしなければいけなくなったのか、解説しましょう。

そもそもの始まりは織田信長でした。実は織田信長は、自分が天皇を超える身分となって、この世の中を支配しようとしていました。この件については、また後で詳しく説明します。

そのために必要なことは、天皇をトップとした「身分ピラミッド」を破壊することでした。

だから、彼はそれをやろうとし、途中で挫折したわけです。そして、その跡を継いだ秀吉は、やむなく天皇に次いで偉く、「神のＤＮＡ」を持っていなくてもなれる地位、つまり「関白」

になりました。

戦国時代というのは、日本の歴史が始まって以来の大競争時代です。身分は関係ない、能力さえあればどんな地位にでも就ける。現に最下層の身分にいた秀吉が、天皇に次ぐ関白になったわけですから。

しかし、それは秀吉のところで述べたように、秀吉のようになりたいと思う若者たちにとっては、戦争は続けるべきだ、という思いにつながってしまいました。

そこで秀吉は、中国を征服しようと、まず朝鮮半島に侵入しましたが、大失敗しました。その結果、若者たちの夢は潰《つい》え、結局、昭和二十年の日本のように、もう海外領土はいらない、この小さな島国で平和にのんびりと暮らしたい、という意識の方が強くなった。それを最終的に固めたのが、徳川家康なのです。

家康は、秀吉によって壊された「身分ピラミッド」を、自分を頂点にして構築しなおしました。これが江戸幕府と呼ばれるものです。なぜ身分ピラミッドの再構築が必要だったのかというと、**競争社会のままでは戦争はなくならないからです。争いのない平和な社会を実現させるためには、身分制度の確立が極めて重要だったのです。**

さらに、平和な社会を実現させるためには、もう一つ大きな問題がありました。それは「モラルの問題」です。

織田信長は、誰に殺されましたか？

腹心の一人、明智光秀ですね。

信長が光秀をイジメたとかいうのは伝説に過ぎず、客観的な事実だけを言えば、光秀は、自分を大名にまで引き立ててくれた大恩人を情けなくも殺したわけです。しかも、その織田家の天下は、信長が光秀以上に目をかけて、引き立てた秀吉によって奪われてしまいました。それを、信長の弟分である家康は見ていたわけです。

だからこそ家康は、天下人の座が自分に回ってきたとき、こういうこと、つまり「恩知らずの反逆」は絶対にあってはいけないと思ったのです。

しかし、**そうしたことが起こったのは、日本にそれを防ぐモラルがなかったからです。**

日本にない以上、海外からモラルを輸入するしかありません。ただし、キリスト教はまずい。神のもとの平等ということで、身分社会が壊れてしまうからです。

そもそもあの時代の、特にカトリックの宣教師たちは、言ってみれば、スペインやポルトガルの侵略者の先兵でした。日本より少し早く、アメリカ大陸に上陸した彼らは、特に中南米の先住民を虐殺し、無理矢理キリスト教徒に変え、そして支配しました。

ここで詳しく述べる余裕はありませんが、彼らが南米のインカ帝国を滅ぼしたやり方は極悪非道そのものです。最も恐ろしいことはその極悪非道はいわゆるカトリックの「神父様」によって主導されたということです。しかも、その「神父様」つまり宣教師は、それを絶対の正義と確信していたのです。悲しい話ですが、すべて本当の話です。

嘘だと思うなら、ご自分で調べてみてください。スペイン人は卑劣にもインカ帝国の皇帝を人質とし、大量の黄金を奪い取ったあげくに皇帝を処刑しました。彼らの強要を受けて、皇帝がしぶしぶキリスト教に改宗することに同意したにもかかわらずです。そして、インカの人々の文化はすべて破壊されました。

日本において、そうした宣教師による侵略を阻止したのが信長、秀吉、家康なのですから、秀吉と家康が禁教令を出したのは当然の帰結なのです。

そういう観点から言えば、キリスト教を導入することなど問題外でした。

徳川家康はなぜ「朱子学」という外来宗教を輸入したのか

そうなると、中国から輸入するしかありません。

特に長幼《ちょうよう》の序を重んじる中国の儒教は、家康の目的に適していました。その儒教の中でも、一番厳しくした朱子学は、主君に対する忠義を極めて重んじる哲学だったので、これを武士の教養にしてしまえば、光秀、秀吉のような恩知らずが徳川の世に現れることはなかろうと、家康は考えたのです。

そこで幕府は、武家の子弟が、子供の頃から朱子学を学ぶような学問体系をつくりました。大名にとっても、自分の家老が光秀や秀吉のようになったら困るわけですから、これが日本中に普及し、武士という武士はみな朱子学を学ぶようになった、というわけです。

> 学問では、室町時代に五山《ござん》の禅僧が学んでいた朱子学《しゅしがく》を中心に、儒学《じゅがく》が盛んになった。朱子学は君臣《くんしん》・父子《ふし》の別をわきまえ、上下の秩序を重んじる学問であったため、幕府や藩に受け入れられた。
>
> （『詳説日本史』山川出版社）

これは教科書の記述ですが、やはり朱子学が導入された理由については何も触れていません。なぜ家康は、わざわざ中国から朱子学を導入したのか。これが理解できないのは、家康の時代の前と後で何が変わったのか、つまり時間軸での比較を行っていないからです。

さらに、**時間軸を広げて見ていくと、朱子学の導入によって平和な社会を築くことができたというメリットの裏で、後に大きな問題となる「種」を朱子学が持ち込んでいたこともわかってきます。**

朱子学というのは、そもそも海の向こうの中国の哲学ですから、日本人と考え方の違うところがあります。

その一つが「男尊女卑」ということです。朱子学では、基本的に女の役割は、男のサポートとしてしか認めていません。その朱子学が武家社会の公式哲学になったことによって、日本社会における女性の地位は著しく低下してしまいました。

女性の皆さんにとっては腹立たしいことだと思いますが、一つ考えてみてください。平和というのが確立すべき最優先課題であると考えるなら、家康のやったことは間違っていません。そして、**そういう競争社会を否定した家康だからこそ、日本に馬車を採用せず、道路舗装もしなかったのです。**

前にも言ったように、信長、秀吉だったら、朝鮮半島や中国大陸を見習い、高速馬車を導入し、そのために五街道はすべて石畳で舗装したでしょう。それをしなかったのが家康です。だから、家康の影響というのは、私たちが考えているよりもはるかに大きいのです。

さらに朱子学には、もう一つ大きな欠点がありました。

皆さんも「士農工商」という言葉を聞いたことがあるでしょう。江戸時代の身分制度として知られていますが、江戸時代以前の日本にはこういう身分制度はなかったのに、朱子学では、農民よりも商人の方が身分は下だとしたために、それが武士たちの基本的な考えになってしまいました。それがどのような問題を引き起こしたのかについては、第八章でお話ししたいと思います。

朱子学の三つ目の問題点は「忠孝」です。

忠孝、つまり忠義と親孝行をあまりにも重んじるが故に、親の決めた制度、これを先祖の決めた法という意味で「祖法《そほう》」と言いますが、それが変えられなくなってしまった、ということです。これも重要なことなので、別のところで改めてお話しします。

少々前置きが長くなりましたが、90ページで投げかけた問い、なぜ家康は大奥をつくったのか、ということについてお話ししましょう。

別に彼は、ハレムをつくろうとしたわけではありません。ただ若い頃、故あってほったらかしにしておいた本妻・築山殿《つきやまどの》が武田家のスパイの手にかかって自分を裏切るようになり、その結果、妻と息子・信康を殺さねばならないという悲劇に見舞われたことがありました。

家康という人は天才ですが、同じく天才である信長、秀吉と違うのは、人から学ぶという意識を持っていることです。普通、天才は自分に絶対の自信があるからそういうことはしません。ちなみに、そうであったからこそ、信長は本能寺の変というアクシデントに遭遇してしまったのだと思います。

家康は人から学び、そして過ちは二度と繰り返さないというタイプの人間です。そういう人間が、築山殿の悲劇を追究したとき、原因として思い当たったのは、岡崎城の大奥（大奥という言葉は、当時はまだありませんでしたが）に、男が自由に入れたためにそういうことになった、ということでした。

だからこそ家康は、江戸城に男子禁制の「大奥」をつくったのでしょう。

実際に歴史を動かしているのは個々の人間なのですから、その人間の思いを追究していかなければ、歴史の真相などわかりはしないのです。そして、**その人間の思いがどのようなものであったのかを知るには、その人の行動を時間軸で比べ、事件の前後で何が変化したのかを見ることが大切なのです。**

当時の人間の気持ちになって考える

織田信長は日本の誤った歴史教育の被害者だと申し上げましたが、実はこうした歴史被害者に、もう一人大物がいます。それは、五代将軍・徳川綱吉です。

皆さん、綱吉というとどんなイメージを持っていますか？

基本的にはバカ殿だと思っている人が多いのではないでしょうか。生類憐《しょうるいあわれ》みの令というとんでもない法律で、綱吉は人の命よりも犬の命を大切にした、と。


綱吉《つなよし》は仏教にも帰依《きえ》し、１６８５（貞享《じょうきょう》2）年から20年余りにわたり生類憐《しょうるいあわれ》みの令《れい》を出して、生類すべての殺生《せっしょう》を禁じ、捨子《すてご》の保護なども命じた。この法によって庶民は迷惑を

こうむったが、とくに犬を大切に扱ったことから、野犬《やけん》が減少した。また、神道《しんとう》の影響から服忌令《ぶっきりょう》を出し、死や血を忌《い》みきらう風潮をつくり出した。こうして、武力によって相手を殺傷することで地位の上昇をはかる戦国時代以来の価値観は、かぶき者ともども完全に否定された。武力にかわって重視されたのが、身分・格式であり、儀礼の知識であり、役人としての事務能力であった。

（『詳説日本史』山川出版社）

このような綱吉に対する記述は、何十年前からほとんど変わっていません。綱吉が生類憐みの令を出したのは、確かに事実です。しかし、あえて申し上げます。**徳川綱吉は、世界レベルで言っても極めて優秀な、偉大な政治家であって、しかも人格者である**と私は考えています。

しかし、この教科書の記述からは、綱吉の優秀さを読み取ることはできません。

それだけに、もしも私が本書の冒頭でこの話をしたら、この男は頭がおかしいのではないかとか、奇《き》をてらうためにわざと大げさな言い方をしているのではないか、と思われたかもしれません。

しかし、これまで読んでいただいた流れから、そうではないということは、おわかりになると思います。詳しく説明しましょう。

偉大な政治家の条件とはなんでしょうか？　私は三つあると思います。

一つ目は、**「理想を持つ」**こと。たとえば、世界を平和にしようということですね。しかし、そのためには政治家ですから、何らかの政策を立案して理想実現の方向にもっていかなければいけません。宗教家や平和運動家だったら、いろいろなところで、それを訴えるだけでいいのですが、政治家としては、あくまで政策を立案して実現の方向にもっていく、これが大切です。ということは、二つ目の偉大な政治家の条件は、**「政策立案能力がある」**ということですね。そして最後の三つ目は、**「実行力がある」**です。いくら理想を持ち、それを実現するための政策立案能力があったとしても、織田信長のようにそれを敢然と実行しなければ意味がありません。

つまりまとめますと、「理想」「政策立案能力」、そして「実行力」の三つを兼ね備えた人間が、世界中どこでも通じる立派な政治家ということです。

さて、信長が誤解された最大の原因はなんでしたか？

それは、当時の世界の常識を、教科書を書く人間がまったくわかっていない、ということでした。**綱吉の場合は、世界の常識というよりは、当時の日本の常識の問題なのですが、それがまったくわかっていないということが、綱吉の極めて低い評価につながっていると考えられます。**

歴史の極意とまでは言いませんが、**歴史を理解する最大最良の方法の一つは、その時代の人**

間の気持ちになって考えることなのです。

そんなこと当たり前じゃないか、と思いますが、実はこれが大変難しいことなのです。なぜなら、常識というのは、今と昔ではまったく違うからです。

たとえば、戦国時代が終わったばかりの江戸時代初期、辻斬りが良いことだと褒められることであったのはご存じでしょうか？　ここでいう「辻斬り」とは、江戸時代後期になって食いつめ浪人が裕福な商人を待ち伏せして斬り殺し、金品を強奪するアレとはまったく違います。あれは「辻斬り強盗」というべきで、目的は金品強奪です。

しかし、江戸時代初期の辻斬りとは、単に刀の切れ味を試すためのものでした。何の罪もない町人や農民を、武士が刀の切れ味を試すために斬り殺す。それが良いことだと考えられていた、ということです。

そんなバカな、と思うかもしれませんが、よく考えてください。戦国時代、武士の使命は何でしたか？　それは、戦争で手柄を上げることですよね。手柄を上げるとは、具体的に言えば、敵の有力な武将の首を取ってくる、つまり殺すことです。まあ、これは悪い言い方ですが、武士というのは、人殺しが仕事なのです。

しかし、手柄を上げるというのが、敵の有力な武将の首を取ってくることであることは事実です。そもそも戦国時代は相手の武将も歴戦の勇者です。言葉を換えて言えば、人殺しのプロです。そのプロを殺すためには、こちらも極めて大きな努力、具体的に言えば、練習と修業をしなければいけないと思いませんか？　人殺しの練習とはなんでしょうか？　もちろん、文字通り人を殺すことです。

人殺しが商売の世界では、人殺しの練習をすることは、「心がけがいい」と褒められることなのです。たとえば、今アイドル事務所に入ったけれども、一人だけダンスが下手だという子がいたとします。その子が、自分の弱点を克服するために、毎朝早くスタジオに来て個人練習していたらどう思いますか、皆さん感心するでしょう。それと同じことなのです。

刀の切れ味は斬ってみないとわからない

武士の仕事は人殺しなのですから、常に人殺しの練習をしておくこと、そして、その有力な道具である凶器に習熟しておくことが、極めて重要なことなのです。これも道具を使うスポーツにたとえてみればよくわかります。

ゴルフというスポーツをご存じですね。それを職業にして稼いでいるプロゴルファーもいます。では、あるプロゴルファーがこう言ったらどうでしょうか。

「俺は天才だ。弘法筆《こうぼうふで》を選ばずという言葉もある。だからこの初めて買ったばかりのドライバーやパターを練習する必要はまったくない。いきなりラウンドに出ても、充分トーナメントで良い成績が狙える」

どうですか？　そういう人間を皆さんは認めますか？

別のプロゴルファーが、こう言ったらどうでしょう？

「いや、いかにいい道具だと言っても、製品には欠陥がある場合もあるし、自分に合わないということもある。だから練習ラウンドなどで習熟してから本番のトーナメントに出るべきだ」

皆さん、こちらの方が正しいと思うでしょう。

刀の場合も同じことです。普段から切れ味を試しておくのが正しい行為なのです。

正宗《まさむね》や備前《びぜん》長船《おさふね》といった、ブランド品の刀であっても欠陥品はあるし、自分に合わないということもある。それに、人殺しには度胸が必要です。今まで一人も人を殺したことのない人間が、いきなり戦場に出て、人を殺せるはずがありません。だから、人殺しを普段からやっておくというのは、正しいことなのです。そして、当時の百姓、町人というのは、武士に従うべき身分の低い者たちなので、殺してもいいのです。

ここでちょっと不謹慎なのですが、これをゲームにたとえてみましょう。

辻斬りというのはレベル1です。なぜならば、相手はまず斬られることを予想していないし、丸腰だからです。つまり、反撃される心配がない、そういう人間をまず何人か斬って慣れておく。

では、レベル2は何か。これも時代劇などでご覧になったことがあると思いますが、「手討ち」です。

たとえば、「番町皿屋敷」という怪談は、神君《しんくん》家康公から拝領した十枚一組の絵皿のうち一枚を割ってしまった女中のお菊が、主人にその咎《とが》を責められて斬り殺されるという話です。時代劇で一度ならず見たことがあると思うのですが、たいてい手順としては、次のようなものになります。

「許さん、手討ちにする」と、声をかけて斬る。ここが肝心なのです。つまり、レベル1と違うのは、相手が斬られることを知った上で斬る、ということです。当然、逃げたり、場合によっては茶碗をぶつけてきたりします。それでもひるまずに斬る、ということだからレベル2なのです。レベル3はおわかりですね。「相手も武士」、つまり刀を持っているということです。

「劇薬」でしか、人は変われない

人殺しが商売である武士は、常に人殺しの技に習熟しておくということが大切なのです。そして、日本で一人前の武士といえば「馬乗りの士」という言葉があったように、騎馬武者が一人前の武将でした。徒歩で歩いている間は、足軽と言って身分は一番下です。

そして騎馬武者になると、習熟しなければならないのが弓矢の技でした。鉄砲は足軽が使うものであり、源平時代から一人前の武士というのは、馬上で、弓で矢を射て敵を仕留めることが重要なスキルでした。

実はこれにもレベル1、レベル2、レベル3がありました。レベル1は、ご覧になったことがあるのではないでしょうか。それは「流鏑馬《やぶさめ》」というものです。今でも鶴岡八幡宮などで毎年挙行されていますが、あれは確かに馬上から矢を射るのですが、的は動きません。それとももう一つ重要なことが、的がどこにあるかわかっています。だから、レベル1なのです。

レベル2にあたるものを「笠懸《かさがけ》」と言います。木の的ではなく、笠を使います。そして、それが問題なのは、その笠は、いろいろな場所に置いてあるということです。つまり笠懸は、流鏑馬とは違い、馬に乗って走り出すまで、的がどこにあるのか、いくつあるのかわからないのです。ただし、的が動かないという点では同じです。

では、一番難しいのは何か。これも耳にされたことがあるのではないでしょうか。「犬追《いぬお》物《もの》」というものです。これは、囲いの中に犬を放し、馬上で弓矢を構えた騎馬武者が、そのすばしっこく逃げ回る犬を射るというものです。

矢にはクッションのようなものを被せてあったようですが、犬にとってはたまったものではありません。もちろん矢が当たれば、そのショックで死ぬ犬もたくさんいたでしょう。百姓・町人の命ですら、武士にとっては尊重すべきものではないのですから、犬の命などどうなってもいいというのが武士の世界の常識でした。

当然ながら、その犬追物の名人は、武士の鑑《かがみ》として褒められました。それが元禄時代、つまり江戸時代初期の綱吉の時代の常識だったのです。

でも戦国時代はもう終わったわけです。長い太平の時代が続いていました。命というのは本来尊重すべきものなのではないのか。そういう理想を抱いたのが綱吉なのです。

しかし、武家社会では、それはむしろ非常識な発想でした。何しろ、**武士は武技を磨くために人命など尊重しなくていいというのが、鎌倉時代以降、五百年以上続いた当時の常識だった**のです。

さて、考えてください。そういう常識を打ち破って、人間にも犬にも命があるのだ、尊重しなければいけない、という新しい常識をつくるためにはどうしたらいいと思いますか？

おわかりですね。これまでは人殺しのうまい奴が褒められたが、これからは犬を殺しても死刑だぞ、と言えばいいのです。

これが、当時の人の気持ちになって考える、ということです。

確かにとんでもない法律です。私はこういう政策を「劇薬」と言っています。信長が比叡山を焼き討ちしたのもそうです。確かに人殺しというのはよくないことです。しかし、彼らがそれを当たり前のようにやっているのですから、やめさせるには、やめないと皆殺しにするぞと言うしかない。そして信長は、宗教団体は人を殺すべきではないという理想を、比叡山焼き討ちという政策を果敢に実行することによって実現しました。

綱吉が行ったのもこれと同じことなのです。綱吉は、人にも犬にも命があるのだ、それは尊重しなければいけないという新しい常識を確立するために、やむを得ず、これからは犬を殺しても死刑だぞという法律をつくりました。そして、それを実行しました。

つまり、理想も、政策立案能力も、実行力もあった、ということです。

徳川綱吉は「戦国時代」を完全に終わらせた政治家

ここで注目していただきたいのが、「実行力」ということです。

徳川家康が後継者に選んだ二代将軍・徳川秀忠は、関ヶ原の戦いに遅刻してくるような戦争には疎い人間でした。しかし、なぜ彼を後継者にしたかといえば、これからは平和な時代が続くから、老中たちが補佐すれば大丈夫だ。むしろ将軍に何か支障があって政治が実行できないようなとき、老中がそれを代行すればいい、という考えを持っていたからだと思います。

徳川家康は、前にも申し上げたように天才です。この政治システムの構築は、見事に成功したと言っていいでしょう。実際、三代将軍・家光が死んだ後、四代将軍・家綱は若くして将軍になりましたが、病弱でした。そしてそのとき、由井正雪《ゆいしょうせつ》の乱も起こったのですが、老中合議制で無事乗り切ることができました。

問題は、将軍が何か新しいことをやりたいときは、このシステムは決定的に障害になる、ということです。つまり、将軍は君臨してはいるが、実際の政治は老中が合議制で行い、そこで決まったことを、将軍は結局、承認するしかないという形を家康はつくったのです。

確かにこれをやれば、大失敗を防ぐことができるでしょう。しかし、新しいことは何もできません。それなのに、**徳川綱吉は、それまで五百年間、武士の世界では常識であった、人を殺せば褒められる時代を自身の力で変えたのです。**根本的な改革をやったのです。

どうしてそんなことが可能だったのでしょう。それを知るには、綱吉以前と以後を比較し、何が違うのかを見ることです。

左の図をご覧ください。

綱吉がやったことは、将軍と老中の間に「側用人《そばようにん》」という人間を置いて、何事もこの側用人を通さなければダメだというシステムをつくったことです。将軍と老中の間に側用人を置くだけで、将軍は、自分の意に添わぬ上申《じょうしん》は、側用人を通して差し戻し、修正することができます。そうした上申と修正を繰り返していると、そのうち老中も上様のお考えに添うにはどうしたらよいかと、側用人と合議するようになります。

側用人というのは、それまでの徳川幕府にないシステムです。つまり、老中だと譜代大名な

徳川将軍の政策決定

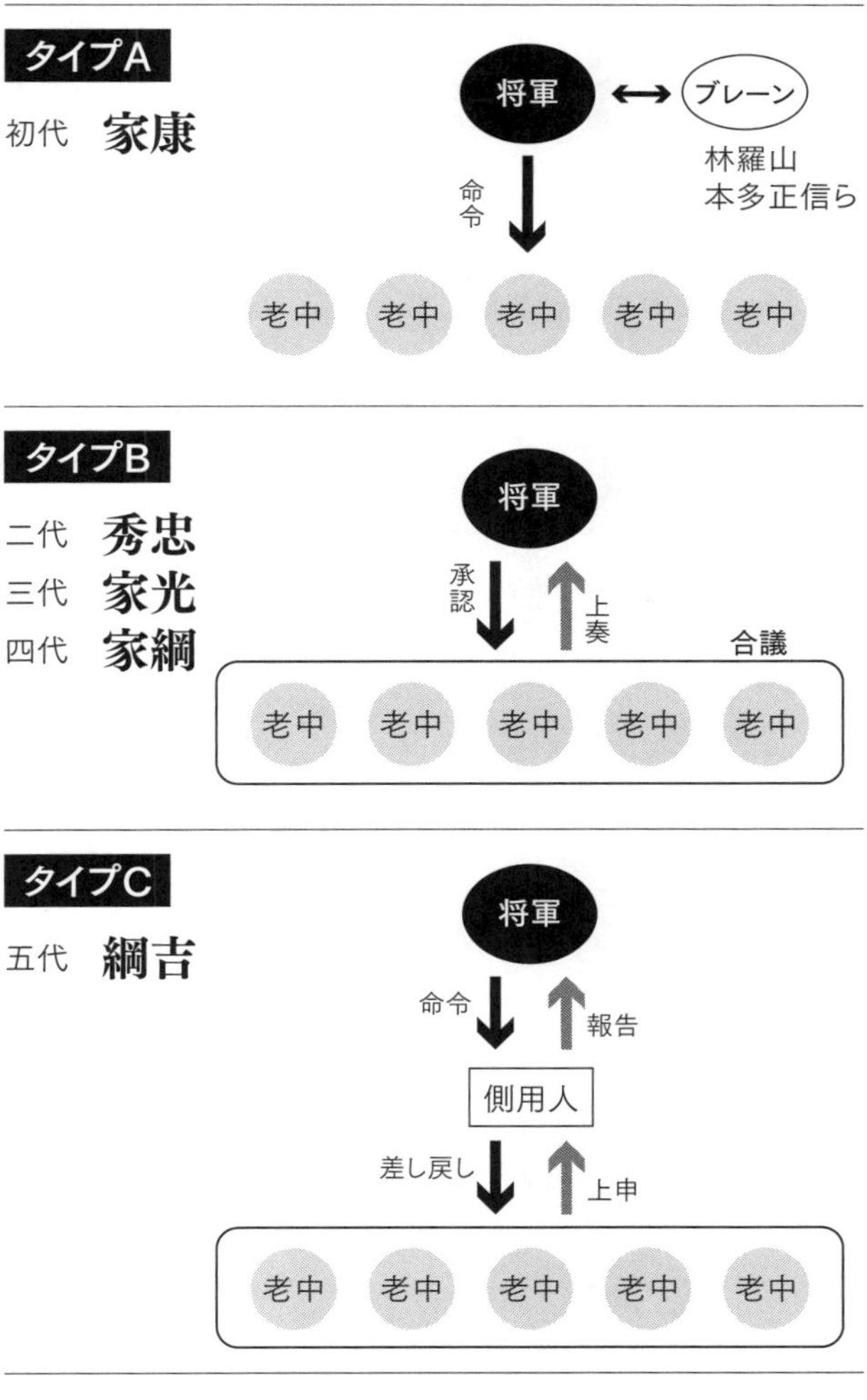
タイプA
初代 家康
将軍
ブレーン
林羅山
本多正信ら
命令
老中 老中 老中 老中 老中
タイプB
二代 秀忠
三代 家光
四代 家綱
将軍
承認
上奏
合議
老中 老中 老中 老中 老中
タイプC
五代 綱吉
将軍
命令
報告
側用人
差し戻し
上申
老中 老中 老中 老中 老中

どから選ばなければいけないのですが、側用人は綱吉の自由裁量で選ぶことができるのです。そこで綱吉は、自分の腹心の柳沢吉保《やなぎさわよしやす》を選びました。

彼は、綱吉の意図を知り尽くしているスタッフです。ですから、将軍の意図は必ず実現されることになります。たとえ、それが「生類憐みの令」のように武家社会の根本常識を覆すものであっても、です。

政治の天才家康は、自分の子孫が、勝手に政治ができないように老中合議制をつくりました。そして同時に、自分を神に祀り上げることによって、二代以降の将軍は、自分の意図を通すのはほとんど不可能になりました。どんな新しいことをやろうとしても、老中は「それは東照神《とうしょう》君のご遺志に反します」という形で潰すことができたのです。

このような状況の中で、**五〇〇年の常識を覆すような政策を実行できたのは、側用人という画期的なシステムのおかげでした。** そして、これを考えたのは明らかに綱吉です。政治の大天才家康がつくったシステムを、ある意味で覆しているわけです。ということは、綱吉も政治の天才だということです。

ところが、これまでの歴史学では、綱吉は典型的なバカ殿で、腹心の柳沢吉保は、おべっか使いの腰巾着《こしぎんちゃく》のようなものだと決めつけられてきました。だからこそテレビの時代劇でも、水戸黄門は善ですが、綱吉と吉保はバカと悪人になっているのです。これがどれほど歴史の真実と異なっているか、おわかりいただけたと思います。

綱吉は、世界でも珍しい、人命ばかりでなく、生き物の命をも大切にしなければならないという理想を実現した名君です。そして柳沢吉保は、その名君の理想を理解しているからこそ、日記などには「綱吉ほどの名君はいない」と書き残しているのです。

では、そうした史料を読んでいるはずの歴史学者が、なぜ綱吉はバカ殿、柳沢は悪人と誤解してしまったのでしょう。

それは、**史料に書かれていることを鵜《う》呑《の》みにし、長期の時間軸で綱吉以前と、綱吉以後を比較していないからです。**

当時の史料を書いたのは、柳沢吉保によって不利益を被った老中たちです。彼らは自分たちの恨みから綱吉をバカ殿といい、柳沢吉保を悪人としました。そうした史料を読んで、当時の人々の考え方では、綱吉はバカ殿にしか見えないからバカ殿だと言い、そうした中で柳沢吉保だけが綱吉を褒めているので、典型的な腰巾着だという理解を、歴史学者の多くがしてしまったということです。

でも、この見方がいかに歴史の実像とかけ離れているか、おわかりいただけたと思います。

そういう意味で、徳川綱吉も歴史被害者の一人なのです。

第二部

「宗教」から日本史を読み解く

第三章　日本人の宗教の原点は「穢れ（ケガレ）」

なぜ「宗教」抜きに歴史は語れないのか

第2部は、歴史を語る上で欠くことができない、もう一つの視点「宗教」についてお話しします。

世界では「宗教」を抜きにして歴史は語れないというのが常識です。

しかし、「はじめに」でも述べましたが、日本の歴史学者は「宗教」という視点を歴史に持ち込もうとしません。だから、日本史が理解できないのですが、まずは、なぜ歴史を語る上で宗教が必要不可欠なのか、ということについてお話ししておきましょう。

それは、**どのような宗教を信じているかによって、人間の価値観が異なるからです。価値観**

の違いは思想の違いを生み、思想の違いは行動の違いとなって現れます。

たとえば、イスラム教徒は豚を食べませんが、それは、アラー（イスラム教徒が信じる唯一の神）が「豚は不浄の動物」としているからです。そのためイスラム教徒は、豚肉を食べないだけでなく、豚肉を調理した器具を使うことも禁忌《きんき》とされています。それどころか、豚由来のモノは、たとえそれが薬であっても一切口にしません。

一方、ヒンドゥー教徒は牛の肉を食べませんが、その理由はイスラム教の豚とは違います。ヒンドゥー教徒にとって牛はシヴァ神の乗り物であり、「聖なる動物」なので殺してはいけないとされているため、食べないのです。

しかし、シヴァ神が乗り物とする牛は白いこぶ牛と決まっているので、その他の牛、たとえば黒い水牛などは、そのミルクが飲用や乳製品に使われるのはもちろん、その肉の食用も禁じられてはいません。

このように、信じる宗教によって食べていいものと、食べてはいけないものに違いがあるだけでなく、宗教によって「食べてはいけない理由」に違いがあり、その結果、その食品に関わるすべてがダメなのか、殺さなければいいのかなど、行動に違いが生まれてくるのです。

わかりやすい例として食べ物の話をしましたが、こうした価値観の違いは宗教によって他にもたくさんあります。そして、そうした価値観の違いが行動として現れるのですから、**「人の**

行動の軌跡の集大成」である歴史を理解するには、宗教を知ることが必要不可欠なのです。

そして、歴史は何のために学ぶのかというと、過去に学び未来をよりよくするためなのですから、さまざまな宗教を信じる人が混在するグローバル社会において、真の意味で相互理解を深め、国際親善を実現していくためにも、他者の信じる宗教についての知識を持つことが必要不可欠となるのです。

ここまで言えば、読者にはもうおわかりだと思いますが、日本の歴史に宗教という視点が欠けていて何が問題なのかというと、**日本人でありながら、日本史が理解できない、もっと根本的に言うと、日本人でありながら自分の価値観や行動の原理がわからないという、アイデンティティーの喪失を生み出してしまっていることなのです。**

本書の第1部では、日本の歴史が、世界の常識と大きく異なっていることをお話ししました。では、なぜこれほどまでに日本の常識と世界の常識が違うのでしょう。

結論からいえば、日本人の行動原理が「日本固有の宗教」に根ざしているからなのです。よく日本人は無宗教だという人がいますが、それは大きな間違いです。**日本には固有の「日本教」とでも言うような宗教があり、日本人は誰しもが無意識のうちにその宗教を信奉しています。**

日本教は、キリスト教やイスラム教のように体系づけられた宗教ではないため、わかりづらいのですが、日本人の行動と思想の積み重ねである日本史を丹念に紐解いていけば、その実態は浮かび上がってきます。

第2部では、そうした「日本教」の姿を日本史の中から浮かび上がらせるとともに、今なお日本人が日本教徒であるということを示す事実をご紹介していきたいと思います。

宗教を無視したために矛盾が生じた日本史の「時代区分」

日本の歴史学者はあなたを騙《だま》しています。いえ、「騙している」と言うのは正しくないかもしれません。

彼らは宗教という視点を切り捨てたために、真実が見えないので、仕方なく「ごまかした」だけなのかもしれません。

騙しているのか、ごまかしているのか、いずれにしても真実とは異なることを真《まこと》しやかに教科書に記載し、子供たちに教えていることは事実です。

何のことを言っているのかというと、「時代区分」です。

皆さんは昔、日本史の時代区分というのを習いましたよね。教科書で習った当時のことを思い出していただいてもいいのですが、教科書の冒頭に記載されていたはずです。

あえて繰り返すと、飛鳥、奈良、平安、鎌倉、室町、そして安土桃山時代。その後は江戸、そして近代以降は明治、大正、昭和と元号が続きます。

ところが、教科書を一般の読者向けにリニューアルして出版した『新 もういちど読む山川日本史』（山川出版社）には、冒頭にこのような断り書きがあるのです。

本書は、以前、高等学校の教科書として使われていた『日本の歴史（改訂版）』をベースにしていますが、一般の読者を対象として記述を全面的に見直し、時代に即応した簡潔かつ明確なかたちに改めました。

この「時代に即応した」というのがミソで、歴史学者は絶対に認めませんが、私の批判に対応したと思われる部分があるのです。というのも、不思議なことに以前の教科書では大々的に取り扱っていたおなじみの「時代区分」が載っていないのです。

しかし、さすがに全廃することはできなかったようで、『新 もういちど読む山川 日本史』の巻末の年表を見ると、「～701 飛鳥時代」「708年～1189年 奈良・平安・鎌倉時代」「1192年～1438年 鎌倉・室町時代」「1441年～1629年 室町・安土桃山・江戸時代」「1631年～1866年 江戸時代」、そして「1867年～1924年 明治・大正時代」「1925年～1969年 大正・昭和時代」、そして「1970年～ 昭和・

平成時代」と年表の欄外に小さな文字で記述してあります。

年号はページに合わせて表記しているので問題ないのですが、この「時代区分」こそ、日本の歴史学者の「ごまかし」の典型例なのです。

それは、この時代区分が何をもとにしているかを見ればわかります。

たとえば、奈良時代というのは、平城京、つまり奈良に都があった時代のことです。同じく平安時代は、平安京、つまり京都に都があった時代のこと。そして鎌倉時代は、平安京がなくなったわけではありませんが、武士の政権が新しく鎌倉にできて日本を仕切った時代のことです。以下、室町、安土桃山時代、江戸時代も同じです。

ただし、この安土桃山時代の「桃山」という表現には大きな問題があります。

実は、私はずっと昔から、安土桃山時代という時代区分名はおかしいと言い続けています。なぜなら、**「桃山」という地名は、秀吉が活躍した当時は存在しなかった地名だからです。**「桃山」は、江戸時代になって廃城とされた伏見城の跡地に桃が植えられ、「桃山」と呼ばれるようになってからのものです。後世になって、それが秀吉時代の美術史の時代区分名として使われたため、日本史の時代区分にも採用されたのだと思いますが、それはあまりにも不適切です。

日本の時代区分というのは、飛鳥は別として、奈良、平安、鎌倉、室町、安土と、その時々に日本を掌握していた政権の所在地が用いられています。したがって、信長の後を受けた秀吉の時代は「大坂時代」、もしくは秀吉が伏見城に在城していたので「伏見時代」とすべきでしょう。

時代区分の問題は、これだけではありません。「桃山時代」よりもさらに大きな問題を抱えているのが、「飛鳥時代」です。

なぜなら、この名称は「ごまかし」どころか、完全な「嘘」を含んだ名称だからです。飛鳥時代と聞くと、当然のこととして他の時代と同じく奈良県の飛鳥地方に日本を実質的に仕切る政権（この時代の場合は天皇家）が本拠を置いていた時代、と考えられます。ところが、実際には、この時代の首都を象徴する天皇の宮殿は、移転を繰り返していたのです。

6世紀末から、奈良盆地南部の飛鳥《あすか》の地に大王《おおきみ》の王宮《おうきゅう》（大王宮《だいおうきゅう》）がつぎつぎに営まれた。有力な王族や中央豪族は大王宮とは別にそれぞれ邸宅《ていたく》をかまえていたが、大王宮が集中し、その近辺に王権の諸施設が整えられると、飛鳥の地はしだいに都としての姿を示すようになり、本格的な宮都《きゅうと》が営まれる段階へと進んだ。

7世紀前半に、蘇我《そが》氏や王族により広められた仏教中心の文化を飛鳥文化という。

（『詳説日本史』山川出版社）

百科事典にも次のように記述されています。

遷都　せんと
政府の所在地を移しかえること。日本では天皇の宮城を正式に移すことに限って用いられ、幕府の開設には使われなかった。天武（てんむ）天皇のときまでは、継体（けいたい）天皇のときに幾度か移転したことを除くと、各天皇が即位するごとに宮処（みやこ）を移しかえていた。ところが、持統（じとう）天皇のとき、６９４年に中国の都城制を導入した藤原京に移ってから、即位とは関係なく京として固定されるようになった。元明（げんめい）天皇の７１０年（和銅３）に平城京へ移るが、聖武（しょうむ）天皇は７４０～７４５年（天平12～17）の間、恭仁（くに）京などを転々としている。その後、桓武（かんむ）天皇は一時長岡京に移るが、７９４年（延暦13）に平安京に遷都し、この後、１１８０年（治承４）の福原京を除くと、１８６９年（明治２）の東京遷都まで京都を動くことはなかった。古代においてしばしば宮城を移した理由は、旧政治勢力から離れて新政を行う、政情不安を切り抜けようとする、人心を一新する、などの意図をもち、さまざまの政治的背景によるものであった。
［明石一紀］

『村井康彦著『古京年代記』(1973・角川書店)』(『日本大百科全書〈ニッポニカ〉』小学館)

これは百科事典の記述なので、もちろん、しかるべき歴史学者が執筆したのでしょうが、ご覧になるとわかるように、**日本の首都は、藤原京で一旦固定されるまでは、「各天皇が即位するごとに宮処(みやこ)を移しかえていた」のです。**もちろんこれは一説ではなくて、歴史的事実で、『日本書紀』にも明記されていることです。

この意味がおわかりでしょうか。つまり、こういった事実を知っていたにもかかわらず、「飛鳥時代」と表記しているのです。

まとめますと、日本の首都というのは、藤原京以前は天皇一代ごとに移転するものでした。それが藤原京において初めて三代にわたって固定され、やがて、平城京、平安京という完全に固定された首都につながっていった、ということなのです。

古代日本人は首都を天皇一代ごとに移転していた

この「天皇一代ごとに首都を移転していた」という事実は、日本史の特徴の一つです。外敵から攻められたわけでも、災害が生じたわけでもないのに、為政者が亡くなったというだけでそれまでの都を放棄して新たに別の場所に都を再建するという例は、世界広しと言えども他に類を見ないでしょう。

しかも、天皇一代というのは、何年続くか誰にもわかりません。一〇年のこともあれば二〇年のこともあるでしょう。実際、即位後わずか数年で崩御してしまった天皇もいます。そうしたときでも、少なくとも天皇の住んでいた御殿は全部取り壊し、まったく別の場所に新しい住まいを建て直します。当然、首都もそこに移転する、ということになるわけです。

非常に不経済、不効率なやり方です。そのため、世界中でこんなことをやっていたのは、日本だけでしょう。

これほど珍しい例なのですから、**歴史の記述としては、藤原京までを「首都移転時代」、藤原京以降を「首都固定時代」とすべきでしょう。**

それなのに、これを「飛鳥時代」（実際には都が難波《なにわ》〈大阪府〉、近江《おうみ》〈滋賀県〉にあったこともある）という他の時代と一括にした表現にしてしまっているのです。その結果、古代において日本の首都は常に移転していたという日本史の特徴の一つが見えにくくなってしまっているのです。

では、なぜこのようなことをしたのでしょう。

先ほども言いましたが、歴史学者はこうした事実を知らなかったのではありません。日本の首都が移転されていたということは、『日本書紀』に明記されている以上、歴史学者にとっては常識だからです。事実、百科事典にも書いてあるぐらいですから。知っているのにごまかすような書き方をしたのは、その理由が彼らにはわからなかったからでしょう。

もしも、私が提案したように「首都移転時代」「首都固定時代」としたら、まず間違いなく学生は次のように質問するはずです。

「なぜ昔の日本人は、そんな不効率なことをやっていたのでしょうか?」

彼らはそれには答えられません。答えられないから、「ごまかした」のです。

私はこの問題を、数十年も前から鋭く追及してきました。しかし彼らは、そういう言葉を「外野の声」と称し、耳を貸そうとしませんでした。

では、なぜ私にわかったことが、歴史学者にはわからなかったのでしょう。

答えは簡単です。私は「宗教」という視点を持っていたのに対し、彼らは宗教を無視したからです。

日本教のバイブル『古事記』

そもそも、**人が不合理・不経済なことをあえてする場合、その理由は宗教に基づいていると考えるのが、「世界史の常識」というか、「人類の常識」なのです。**

この常識がわかっていれば、一代ごとに首都を移転するなどという不合理で不経済なことをした理由が宗教にあるのだろうと、察しがつくものです。

そして、そうした不合理かつ不経済なことをしているのが日本だけであれば、それが日本固有の宗教に関係していることもわかります。

では、その「日本固有の宗教」とは何でしょう。

日本人はどのような宗教を信じているのか。

この問いを追究した人物の一人に、江戸時代に日本に渡ってきたジョバンニ・バティスタ・シドッチというイタリア人のキリスト教の宣教師がいます。

江戸時代の日本は、キリスト教を信仰することを厳しく禁じていました。

それは、第1部でも触れたように、カトリック勢力がスペイン、ポルトガルなど世界侵略を目論む国家の手先として使われていたからです。

事実、南米のインカ帝国はスペインに滅ぼされました。そして固有の文化を否定され、西洋風の名前を名乗らされました。スペイン語を話すことを強制されました。もちろん強制的にキリスト教にも改宗させられました。それを防ぐために、徳川幕府はキリスト教を禁教とし、信じるものは死刑という重罰を科したのです。

しかし、シドッチにはシドッチの信仰に基づく使命感がありました。それは本当の神を知らない国の人々に、神の教えを伝えることが自らの神聖なる使命だというものです。

もちろん人間の命を絶対視するならば、わざわざ命の危険のある地に自ら乗り込んでいくという彼の行為は、とんでもない愚行と言えます。しかし、宗教を信じる人たちは、それを愚行とは思いません。たとえ、それによって命を落としたとしても、それは名誉ある殉教と考えます。

こうした覚悟で日本にやってきたシドッチは、布教という使命こそ充分に果たすことはできませんでしたが、新井白石との対話の中で、日本人がどのような信仰を持っているのか知ろうとしたことがうかがわれます。**日本固有の宗教を知る最も良い方法は、日本固有の存在であり、なおかつ日本で最も尊い存在と考えられている天皇家の信仰を知ることです。**

では、ここで質問です。

天皇家の信仰とはなんでしょう?

「神道」という答えが返ってくるかもしれませんね。それは間違いではありませんが、神道という言葉が一般的に使われるようになったのは、実は明治時代になってからなので、ごく最近のことなのです。

「神道」という言葉自体は、『日本書紀』の用明天皇紀に「天皇、仏法《ほとけのみのり》を信《う》けたまひ、神《の》道を尊びたまふ」と、「仏法」つまり仏教と対比する形で日本の信仰を総称するものとして登場する言葉です。

では、天皇家の信仰を知るために最も適した書物は何なのでしょう。

神道という言葉が登場する『日本書紀』でしょうか？

いいえ、違います。なぜなら『日本書紀』は漢文で書かれているからです。漢文で書かれているということは、今風に言えば、英語で書かれた「翻訳日本史」ということになります。つまり、外国語に翻訳したことによって、その内容は嘘ではないものの、日本固有の特徴に関しては、どうしても薄まった表現になってしまっているからです。

答えは、漢字を当て字として用いた「万葉仮名《まんようがな》」で記されている『古事記』です。**「やまとことば」とも言われる古来の日本語である万葉仮名で記されている『古事記』は、日本人の信仰を知るには、最も良い書物です。**あえて言うなら、日本教のバイブル（聖書）と言っても過言ではないでしょう。

日本の天皇は穢《けが》れを祓《はら》う「禊《みそぎ》」によって生まれた

なぜ『古事記』が日本人の信仰を知る最良の書なのかというと、そこには「日本の天皇は何者なのか」ということに加え、「なぜ天皇は尊い存在なのか」ということが記されているからです。

『古事記』では、天皇は天照大神《あまてらすおおみかみ》という最高神の子孫とされています。これは、日本人ならほとんどの人が知っていることでしょう。そして漠然とですが、天皇は「神のＤＮＡ」を持った存在だから尊いと考えられています。

北条義時や源頼朝が、天皇家を皆殺しにすることで、自らが新たな天皇だと名乗ることができなかったのは、彼らが天皇家の「ＤＮＡ」を持っていなかったからです（賜《し》姓《せい》源氏《げんじ》〈元皇族〉の子孫である源頼朝はまったくゼロとは言い切れませんし、北条義時も先祖は天皇家だと称していますが、「ＤＮＡ」は限りなくゼロに近いでしょう）。

しかし、ここで重要なのは、天皇家が尊いと考えられているのは、単に「神のＤＮＡ」を色濃く受け継いでいるからではないということです。たとえば、藤原氏は奈良の春日《かすが》大社の御祭神である天児屋根命《あめのこやねのみこと》を祖神（祖先である神）とし、物部《もののべ》氏は石上《いそのかみ》神宮の御祭神である宇摩志麻治《うましまじの》命《みこと》を祖神としています。このように古代日本の豪族の多くが「神のＤＮＡ」を持つと考えられていました。

では、なぜ天皇家がその中で最も尊いとされたのでしょう。

それは、天皇家の祖神である天照大神が、神々の中で最も尊い神だと信じられていたからです。そして、その尊い理由が書かれているのが『古事記』なのです。

天照大神（以下、アマテラスと表記します）が尊い理由は、その誕生の仕方にあります。もちろんこれは歴史上の事実というより神話上のことなのですが、『古事記』の記述を確かめてみましょう。

『古事記』には、アマテラスが父の伊邪那岐大神（以下イザナギと表記）から生まれた様子が次のように記されています。

是《こ》を以《もち》て伊邪那伎大神の詔《のりたま》はく、「吾《あれ》は、いなしこめ、しこめき穢《きたな》き国に到《いた》りて在《あ》りけり。故《かれ》、吾《あれ》は、御身《みみ》の禊《みそぎ》を為《せ》む」とのりたまひて、竺紫《つくし》の日向《ひむか》の橘《たちばな》の小門《をど》のあはき原《はら》に到《いた》り坐《ま》して、禊祓《みそぎ》しき。（中略）是《こ》に、左《ひだり》の御目《みめ》を洗《あら》ひし時に、成《な》れる神の名は、天照大御神《あまてらすおほみかみ》。次に、右《みぎ》の御目《みめ》を洗《あら》ひし時に、成れる神の名は、月読命《つくよみのみこと》。次に、御鼻《みはな》を洗ひし時に、成れる神の名は、建速須佐之男命《たけはやすさのをのみこと》。

（『新編 日本古典文学全集1 古事記』山口佳紀、神野志隆光 校注 訳・小学館）

現代語訳してみましょう。

ここにおいてイザナギは、自分の身体がケガレきってしまったことを知り、それをミソギ（禊）しようと、筑紫野日向の清流に身を投じて、全身のミソギを行った。その時、左目をこすったときに生まれたのがアマテラスである。ちなみに右の目をこすったときには、ツクヨミノミコト、鼻をこすったときにはスサノオが生まれた。

この神話に初めて触れた人もいると思うので解説します。

アマテラスの父親はイザナギで、母親は伊邪那美大神（以下イザナミと表記）です。通常なら、この父母からアマテラスが生まれたと書くはずです。実際、外国人向けの歴史書である『日本書紀』を読むと、そのように読めます。

しかし『古事記』ではそう書いていません。

一般的に子供は、男女が「まぐわい」、つまりセックスをすることによって生まれます。確かにイザナギとイザナミも、かつては「まぐわい」によって、多くの神を生み出していました。しかし、次々と子供を産む中、火の神を分娩《ぶんべん》するときに女性器に火傷を負ってしまい、イザナミはこの世を去ることになります。

ここで肝心なのが、日本の神話では、神は死んでもその本体が消失するわけではない、ということです。そして、消失しないその本体は、黄泉《よみ》の国という、真っ暗な世界に移ります。

真っ暗な世界と言うと、仏教やキリスト教で言う「地獄」を想像する人がいるかもしれませんが、地獄と黄泉の国はまったく違うものです。なぜなら、地獄は生前罪を犯した人間がその罪を償うために落とされる場所だからです。しかし**黄泉の国は、罪の有無にかかわらず、死ぬ**

と必ず行かねばならない場所、つまり「死者の国」なのです。これは神であっても同じです。

妻を亡くしたイザナギは、妻を取り返そうと思い、地上の世界から真っ暗な黄泉の国に降りていきます。そして首尾よくイザナミを見つけるのですが、彼女が言った最初の言葉は、「あなた、来るのが遅かったわ」でした。なぜなら、黄泉の国に留まるうちに、彼女の体はウジが湧いて腐敗していたからです。

そんなイザナミの変わり果てた姿を見て百年の恋もいっぺんに冷めたイザナギは、慌てて逃げ出します。追いかけてくるイザナミを振り切って、なんとか明るい地上に出たイザナギが最初に言った言葉が、先に引用した「私はケガレきってしまった」というものでした。

そして、その穢れを落とすために、イザナギは禊をします。

「禊」というのは、具体的に言うと、流れている水、それもできるだけ清らかな流水の中につかることです。こうすることで穢れは水に流されます。そのことによってイザナギはこの世で最も穢れのない清らかな体になったわけですが、その清らかになった瞬間に彼から誕生したのがアマテラスであり、ツクヨミであり、その弟と言われるスサノオであったわけです。

ちなみに、天皇家はアマテラスの子孫なのですが、その祖先もアマテラスと別の神による「まぐわい」によって生まれたのではありません。

天皇家の直接の祖先である神は、「誓約／うけい」と言って、体を交わらせることのない清らかな神事によって生まれたとされているのです。もちろんこれも神話の世界のことなので、事実かどうかはわかりません。しかし、ここで重要なのは、事実かどうかではありません。
古代日本には、セックスに頼らない子づくりこそ理想である、という考え方があり、天皇の祖神はそうした清らかな行為によって生まれた神なのだから、そのＤＮＡを受け継ぐ天皇家は、神々の子孫の中でも最も尊い血筋であると日本人が信じていたということなのです。

すべての禍《わざわい》は穢れによって発生する

では、なぜ「清らか」なことが「尊い」のでしょうか。
ここで、カギとなるのが「穢れ」というものです。

穢　けがれ
一般に罪（つみ）とともに罪穢という。宗教的な観念で、日常普通のものから区別して、特別なものを神聖視することをタブー taboo というが、その神聖 sacré というちにも、また清浄なものと不浄なものとがある。その不浄がすなわち穢であり、これに接触したりすることが触穢である。穢はまた罪とも同一視され、それも未開や古代の社会では全く物質的に考えたもので、何か悪霊の仕業による禍または災とし、これを隔離し排除する。しかも穢はつぎつぎと伝染するが、それに一時的なものと永久的なものとある。その穢れたものと触れたり、食ったり、似ているとか見聞きしただけでも穢が伝染するとする。その上、その種類にもいろいろあり、病気に関するもの、お産に関するもの、これらは血の穢であるが、そのほか火の穢や五辛のようなものも穢、さらに風雨地震の禍や鳥虫の災、妖怪などの災に関するもの、犯罪や刑罰に関するもの、あるいは外国に行っても穢になるように、外来人や仏法に関するもの、これら普通でない、特別の場合が穢またはその原因とされる。すなわち罪も禍も過も皆同じく穢で、悪霊の仕業と考える。（中略）その穢を避け、なくするため、隔離し排除して伝染を防ぐ。これを忌（いみ）という。忌むのは穢の原因を断って清浄にすることで、それも物を払うようにするのは祓（はらえ）であり、また水で垢を落とすようにするのは禊（みそぎ）である。

（『国史大辞典』吉川弘文館）

まず申し上げておきたいのは、この『国史大辞典』というのは、歴史学界のエキスパートたちが、それぞれの項目について、いわゆる通説を記したものです。

通説というのは、多くの学者がそれでいいと認める説のことです。学界の常識と言ってもいいでしょう。

残念なのは、この「穢（ケガレ）」という概念が、古代史の学者にとっては常識ですが、それ以外の学者にとっては常識ではない、ということです。いえ、もしかしたら、古代史の学者でもきちんと把握している人はあまりいないのかもしれません。宗教を専門に研究している人ならともかく、政治史の研究者などは知らないと言ってもいいでしょう。

ここに書いてあることをごく簡単に要約すると、「穢れ」というのは、諸悪の根源だということです。**穢れは悪であり、罪であり、過ちであり、不幸でもあります。そして、それが発生するのは、人間の死や動物の死、あるいはそれを連想させる「血」に関わるものだというのです。**

たとえば、お産というのは、人間にとって極めておめでたいことではあるのですが、かつて日本ではお産は穢れたものだと考えられていました。そのため母屋《おもや》で出産させなかったり、人を遠ざけたりしました。理由はおわかりでしょう、血が流れるからです。血というのも穢れを呼ぶ重大な要素だからです。

しかし、一番大きな穢れを生じさせるのは、やはり死です。死によって生じる穢れ、これを「死穢」といいます。

権威ある国語辞典でその言葉を引くと、次のような説明が載っています。

し－え【死穢】

『名』死のけがれ。動物の死体や死者をけがれたものとして忌避する、広義の神道上の観念による考え。

忌避《きひ》という言葉の意味はおわかりですね。避けること、排除すること、です。

これらのことをまとめると、次のようなことが言えます。

「日本人にとってすべての禍は、穢れによって発生する。だからこそ、その穢れを遠ざけ、どうしても穢れてしまった場合には、禊をすることによって排除しなければならない」

禊とはどういうことだったか、思い出してください。流れる清水につかって穢れを流すことですよね。

だから日本人は、たとえば、友人が過ちを犯してしまったような場合、「君の過ちは水に流す」と言うのです。これは、「過ち」もまた穢れの一つだからです。同じように、相手への恨みを忘れようというときも「君への恨みは水に流そう」と言います。

すべての「悪いこと」は穢れなので、穢れは「罪」でもあります。

若い人にはわかりにくい例かもしれませんが、一昔前、何かの罪で逮捕された国会議員が、再び立候補して当選したような場合に、「選挙民の禊を受けてきた」という言い方がされました。罪は清められ消えた、ということです。

つまり、「清らか」であることが「尊い」のは、「清らかである＝穢れていない」からなのです。**これは、神道の考え方であって、仏教は関係ありません。**

事実、日本ではお葬式の帰りに「清めの塩」と称するものを渡されることがあります。日本のお葬式はその多くが仏式なのでこれを仏教に基づくものだと思っている人もいるようですが、日本以外の仏教国で、葬儀のときに清めの塩が渡されることはありません。

お清めの塩が配られるのは、日本人の多くが葬儀に参列した人は穢れているので、清めなければならないと考えていることを意味しているのです。

それは日本人にとって、死が穢れだからです。

死穢に触れたのですから本来なら禊をしなければいけないのですが、正式な禊をするためには、全裸になって水に入らなければならないので、そう簡単にはできません。そこで禊の簡略型として塩を撒《ま》くのです。

塩には、清らかな水ほどではないにしても、清める力があると考えられているからです。

お相撲さんも取組の前に土俵に塩を撒きますが、これも禍々《まがまが》しいものを追い払うという意味があります。それも神道の考え方です。

なぜ都を一代ごとに移転しなければならなかったのか

日本教において、ここまでで明らかになったことをまとめておきましょう。

まず根本にあるのは、諸悪の根源は穢れである、ということです。

罪も禍も過ちもすべて穢れですが、中でも最悪な穢れを生み出すのは「死」でした。

穢れが諸悪の根源であるからこそ、その対局にある「清らか」なものは尊く、中でもこの世で最も尊い存在は、神々の中でも「完全に穢れのない存在」であるアマテラスが誓約によって産んだ神の血を受け継ぐ天皇である、ということになります。

ここまでわかって初めて、なぜ天皇が亡くなるごとに都を移転していたのか、という謎に迫ることができます。日本教においては、天皇が、現在生きている人間の中では「最も穢れ無き存在」であるということは間違いありません。だからこそ天皇は尊いのです。

では次に、その最も尊い存在である天皇が崩御したらどうなるか、ということを考えてみましょう。

神であるイザナミですら、崩御したら死穢に満ちた黄泉の国に行かなければなりませんでした。つまり、天皇であっても亡くなれば、穢れを生み出すことは避けられない、ということになります。

私は天皇の死が生み出す穢れについて、「百万本のバラ」という歌にあやかって、次のような説明をしています。

私たちごく普通の人間を一本のバラとすると、至高の存在である天皇は一〇〇万本のバラに相当します。一本のバラは枯れて腐っても、まあ多少は嫌な臭いや雑菌を生み出しますが、たいして環境を汚染しません。

一方で一〇〇万本のバラはどうでしょう。生きているときは、大変に素晴らしい存在です。その姿は美しく、周囲は芳香に満ちます。しかし、一〇〇万本のバラが枯れたら、その腐敗臭や周囲への汚染は、一本のバラのまさに一〇〇万倍となります。

実は、天皇の死によって生じる死穢もこれと同じ理屈で捉えられたのです。天皇の死は、一般の死人の一〇〇万倍の死穢を周囲に撒き散らすと考えられたということです。

穢れが生じたとき、それが小さな穢れであれば、禊をすればいいのですが、一〇〇万倍の穢れともなると、大きすぎてもはや禊は不可能です。

だとしたら、どうすればいいでしょう。

穢れたものをすべて捨てるしかないのではないでしょうか。

そして、これこそが、天皇が代替わりする度に、それまでの御殿を捨てて、別のところに都を移転した理由だと私は思います。

大仙陵古墳(仁徳天皇陵古墳)

藤原京以前の日本が、天皇一代ごとに、あるいは一代の中でも複数回首都移動を繰り返していたのは、**こうした日本固有の宗教、具体的に言えば「穢れ忌避信仰」に基づくものだったのです。**

おわかりでしょう。日本固有の宗教が根底にあるのですから、宗教を無視していると、この理由がわからないのです。

ここでもう一つ気づいていただきたいことがあります。それは古代日本では、なぜ大きな古墳に天皇を葬っていたのか、ということです。

よく為政者のお墓が巨大なのは、権力の象徴だと言われますが、**私はこれも穢れ忌避信仰によるものだと確信しています。**その根拠は、日本の巨大古墳には、他国の権力者のお墓には見られない特徴があるからです。その特徴とは「堀」です。

すでに述べた通り、亡くなった天皇は、巨大な死穢を生み出し、周囲に撒き散らす「穢染物質」です。「穢染」は「汚染」とは根本的に異なるものです。

汚染は万国共通の概念です。一酸化炭素でもいいですし、放射能でもいいですが、それについては日本人であろうと、アメリカ人であろうと、中国人であろうと、客観的な数値として計測することができます。なぜなら、それは物理的に存在するものだからです。そういうものを「汚れ（よごれ）」と言います。

一方、**穢れというのは、それを信じる人間にとってしか存在しないものです。**

難しいことではありません。たとえば、イスラム教徒は豚を穢れた動物だと信じています。「コーラン」にそう書いてあるからです。だからこそ、彼らは豚を調理したフライパンを使ってつくられたものは、たとえ食べることが許された食品のみを使った料理であっても「穢れたもの」として決して口にしないのです。

でも、我々日本人は日常的に豚を食べますし、豚を調理したフライパンも平気で使います。それは、我々には豚肉が穢れているという信仰がないからです。つまり、**穢れというのは、特定の宗教を信仰する人々にとってのみ存在するものなのです。**

そして日本人は、死というものが最も穢れを呼ぶものであるとする宗教を信仰しているので、それをなんとかしなければいけないと考えるのです。

考えた末、古代日本人たちは、天皇の遺体を、石棺という遮断カプセルに入れ、さらにそれを石室という閉鎖空間に納め、その上を大量の土で覆ったのです。そして、ここからが古墳が穢染対策によるものであることを示す重要な証拠なのですが、墓所である古墳の周囲をぐるりと堀で囲みました。

なぜ穢染対策に堀が重要なのかおわかりですか？

堀とは「水による囲い」です。思い出してください。穢れを祓い清めることができるのは何でしたか？　そう「水」でしたね。つまり、**天皇の遺体を「汚染物質」ならぬ巨大な穢染物質だと考えていたからこそ、天皇の墓である巨大古墳の周りには、穢れを清めるために水を湛《たた》えた堀が必要不可欠だったのです。**

見過ごされている持統天皇の功績

しかし、首都の移転にしても、巨大古墳の建造にしても、この慣習は国家にとっては実に不合理で不経済です。

海の向こうの中国大陸や朝鮮半島にはそんな慣習はありません。いいえ、世界中を見渡してもこんな慣習があるのは日本だけです。他の国では首都というのは、一度定まると滅多に移動するものではありません。たとえば、異民族に攻められてやむを得ず遷都したとか、あるいは国土が広がったため、中心となる首都を移す必要ができたとか、そういったレアケースで首都を移転した例はありますが、普通は一度決めたら、そこに固定されるのが首都というものです。中国は典型的で、たとえば北京に都を定めたら、初代の皇帝は宮殿を、次の皇帝は離宮を、あるいは街を、という形でどんどんどんどん拡充していきます。そうすることによって国家の富が蓄積されるので、より早く安定した国家を築くことができるからです。

ところが日本では、天皇の死に伴う穢染問題からそれができませんでした。

しかしその日本も、やがて奈良の平城京、京都の平安京と首都を固定し、国家を発展させていったのは皆さんもご存じの通りです。**首都が固定されたということは、誰かがこの穢染問題を解決したということです。**

では、誰がこの穢染問題を解決したのでしょう。

実は、時代区分についてのところで引用した百科事典の文章の中にその答えが書いてあります。

持統天皇のとき、694年に中国の都城制を導入した藤原京に移ってから、即位とは関係なく京として固定されるようになった。

私は、持統天皇こそ、日本の天皇の中で五本の指に入る名君だと思っています。持統大帝と呼んでもいいと思っているほどなのですが、日本の多くの歴史学者は、残念なことにその真価がまったくわかっていません。

では、持統天皇の功績がどれほど画期的で、その後の日本をどれほど大きく変えたのか、ご説明しましょう。

持統天皇以前の日本では、首都は天皇一代ごとに移転するのが当たり前でした。そのため宮殿は、それほど手の込んだつくりになっていませんでした。掘立小屋というと語弊がありますが、当時の宮殿は、地面に柱を突き刺しただけの簡易的な建物だったのです。というのは、もし天皇が五年で亡くなってしまえば、五年で都を移転しなければならないからです。もともと長く使うことを想定していないので、それほど堅牢なものをつくる必要がなかったのです。

しかし持統天皇は、中国に倣《なら》い恒久的な建物をつくりました。柱の土台には礎石を敷き、屋根には瓦を葺《ふ》き、そして建物全体をむきだしの白木のままではなく、木材を長持ちさせる「朱」という塗料でコーティングしました。

これは、明らかに何代にもわたってその宮殿を使用することを見越していたことを示しています。

では、持統天皇は穢れの問題をどのようにして解決したのでしょうか？　ヒントは、歴代の天皇の中で持統天皇が初めて実行したことです。

これは日本史のクイズ問題としてたまに出るので、答えをご存じかもしれませんが、それは、**「自らの遺体を火葬にした」**ということです。

それまでの日本では天皇は土葬するのが絶対の掟でした。掟を変えるということは大変なことです。たとえ持統天皇の子孫であっても、勝手に先代の天皇を火葬にすることは許されなかったはずです。

ですから、これは断言してもいいのですが、この火葬が実現されたのは、持統天皇自身が生前に「自分が死んだら必ず火葬にするように」と厳命していたからだと考えられます。

もっとも、歴史学者はこれも否定しています。「そんな証拠がどこにある。『日本書紀』や『続日本紀』にそんなことは書いていない」と。

確かに、書かれてはいません。

しかし、「世界史の常識」「人類の常識」に照らし合わせても、**葬礼を変えるというのは、伝統文化の破壊と言っても過言ではない大変なことなのですから、当人の強い意志でない限りは、絶対に不可能なのです。**仮に当人が絶対に火葬せよと遺言したとしても、子孫がそれをためらって土葬にしてしまうということもあり得るのです。それが「人類の常識」です。

たとえば、これがもしエジプトの歴史だったらどうか、考えてみてください。

古代エジプトでは、ファラオ（国王）が亡くなるとその体は必ずミイラにされました。それは死後、人間の魂は必ず肉体に帰ってくるという固い信仰があったからです。魂の受け皿として、遺体をミイラにして保存する必要があったのです。

そこでもし、ある国王が遺体をミイラにせず火葬にすると決めたらどうなると思いますか？それはもう文化大革命です。なぜそんなことになったのか、なぜそれが可能だったのかということを探るために、歴史学者の論文はそこに集中したことでしょう。

もうおわかりだと思いますが、日本ではこうした論争は起きていません。それは、天皇の遺体を火葬にしたということの意味の重大さに気づいていないからです。

では、なぜ火葬が穢染問題の解決に結びつくのでしょうか。

これには、当時日本で信者を増やしていた外来宗教「仏教」が関係しています。

仏教では、穢れを水に流すのではなく、火で燃やすことによって解消します。

つまり、持統天皇は穢れの問題を、仏教という新しい宗教のやり方で解決することを目論んだのです。**火葬することによって、天皇の遺体を処理してしまえば、首都を移転する必要もなくなる**と考えたのです。

では、なぜ彼女はこのような大胆な決断に踏み切ったのでしょう。

持統天皇の決断には、彼女の父である天智《てんじ》天皇が白村江の戦いで唐・新羅連合軍に敗れたことが大きく関係していたと考えられます。

日本はなぜ唐・新羅連合軍に負けたのか、国力の差はどこから来ているのか、そう考えた持統天皇は、唐も新羅も、日本のように一代ごとに首都を移転させるというバカなことはやっていないことに思い至ったのでしょう。これでは負けるのも当然です。だからこそ、持統天皇は、この問題をなんとしても解決しなければならない、と決意したのだと思います。

通常は、先祖のしきたりとしてずっと行われていたことを改変するのは大変なことです。ほとんど不可能と言ってもいいはずです。その不可能を可能にしたのは、本人の強い意志はもちろんですが、それに加え、外国との大戦争に敗戦したという、苦い事実があったからだと考えられます。

日本は一九四五年（昭和二十年）に第二次世界大戦（大東亜戦争）という外国との戦争に敗北しましたが、その結果、大日本帝国時代には絶対に不可能だった農地改革（大地主制の解体）や、男女同権の選挙法などが実施できました。

このときも、敗戦という現実が保守派を黙らせることを可能にしたということです。

外国との戦争に負けたときは、それまでできなかった改革ができる。これも歴史のセオリーなのです。

医者と僧侶は日本では「ガイジン」扱いだった

持統天皇は、外来宗教である仏教に則《のっと》り、自らの遺体を火葬することで、自らが死後、「穢染物質」となることを防ぎました。

しかし、それですべての問題が解決したわけではありませんでした。葬儀はどうするのか、という問題がまだ残っているからです。

葬儀というのは、人間の死に触れる儀式です。そのため、葬儀に携わる人間はあらゆる不幸にまみれる恐れがあります。

そこで持統天皇は、葬儀も仏教僧の手に委《ゆだ》ねることにしました。火葬を採用しただけではなく、葬儀も神式ではなく仏式でやるという形をつくったのです。

もう一つ、これは死とも密接に関わることなのですが、穢れ忌避信仰を持つ日本人が抱えていた問題が医療の担い手でした。

病と死は切っても切れない関係にあります。医学が発展した現代においても、不治の病は存在します。医学がそれほど発展していない古代においては、病は死の入口と言っても過言ではないほど恐ろしいものでした。

禍はすべて穢れと考える日本において、病もまた穢れでした。

とはいえ、病には治療すれば治るものもあったのは事実です。

自分が病にかかったら治療は受けたいけれど、多くの患者を治療した経験豊富な名医であればあるほど、穢れに多く触れているということになります。治療は受けたいけれど、穢れには触れたくない。この問題を古代人たちは、どのように解決したのでしょうか？

『日本書紀』などを読めば気がつくことですが、実は当時の医者は、百済人あるいは中国人といった外国人が非常に多く採用されていました。

若い人はご存じないかもしれませんが、昔、日本の球界にやってきた外国人選手を「ガイジン」と呼んで特別扱いをしていました。こうした表現は差別的だということで、今は「外国人選手」と呼ぶようになりましたが、この「ガイジン」という言葉には、さまざまな特権はあるものの、日本人とは違う待遇を受けている人々、という意味が内包されているのです。

実は、古代日本人が医療を百済人や中国人に任せたのは、彼らが当時の医療先進国の人々だったということもあると思いますが、それ以上に、**どうしても穢れにまみれざるを得ない職業である医療従事者を「ガイジン」に任せることで、穢れ忌避信仰に抵触しないようにした**と考えられるのです。

事実、平安時代の朝廷では、武士は穢れた存在とされていたため、昇殿が認められていませんでした。彼ら武士は、日常的に殺し合いをやり、死の穢れにまみれているからです。

しかし、葬儀などで同じく穢れに触れる職業であったはずなのに、僧侶は昇殿が許されていました。

考えてみれば、おかしな話ですよね。

なぜ僧侶は昇殿が許されたのでしょう。

これは、**外来宗教である仏教を信じる僧侶を、いわゆる「ガイジン」として扱ったということです。**

やがて日本人の医者が登場してくると、彼らは僧侶の格好をするのですが、この事実は、医療従事者もまた穢れ忌避信仰に抵触しない「ガイジン」として扱われたことを意味しています。彼らは純然たる僧侶ではないので「僧正《そうじょう》」などではなく、仏事やその他の仏教に関わる技術者がもらう「法印《ほういん》」（など）という位をもらっていましたが、江戸時代に蓄髪した中国風の漢方医が一般的になる以前は、いや、江戸時代になってからも、日本流の医術を行う人間は、基本的に僧侶と同じく剃髪《ていはつ》していました。

穢れ忌避信仰が根ざす日本においては、必要不可欠だけれど穢れに触れる職業である僧侶と医者は「ガイジン」として特別扱いするというのが、暗黙の了解だったのです。

「穢れ忌避信仰」こそ日本教の根源的信仰である

日本教の根源にあるのは、穢れは忌避《きひ》すべきものだとする「穢れ忌避信仰」です。穢れ忌避信仰があるが故に、天皇は他の誰よりも尊く、同時にその尊い天皇が亡くなった際には、そこから生じる巨大な穢れを忌避するために遷都しなければならず、遺体を封じ込めるために巨大な古墳をつくらざるを得ませんでした。

また、穢れに触れることが避けられない医療は外国人に頼ったため、日本人の医師が育ちませんでした。

そうした状況を打破したのが、持統天皇だったのです。

持統天皇は、穢れ仕事を仏教に担当させることで、すべてを変えました。

具体的には、土葬をやめ火葬にし、巨大な古墳を廃止し、医療も葬礼も日本人でありながら「ガイジン」として扱われる僧侶に担当させました。

このように「宗教」という視点から古代日本を見直せば、なぜ天皇一代ごとに遷都するという不合理で不経済なことをしていたのか、また、宮殿は簡易なつくりなのに天皇の墓所に巨大な古墳をつくったのか、という今の日本史教育では解けない謎もわかるのです。

こうした私の見解をデタラメだと思いますか?

事実、私はある優秀と言われている若手歴史学者から次のような批判を受けたことがあります。

それは、「井沢元彦は天皇一代ごとに都が移されたと言っているが、実際の考古学調査によると、使いまわされた都もある。だから井沢元彦の言うことはまったく成立しない」という批判です。

でもこれ、実は批判としてまったく意味がないのです。**なぜなら、これは宗教の問題だからです。**

たとえば、キリスト教徒は、イエス・キリストがこの世に現れたときに、パンの雨を降らせたという奇跡を信じています。「聖書」にそう書かれているからです。ここである科学者が、「そんなことは絶対にありえない」と言って、パンの雨を降らせることはできないということを科学的に証明したとしましょう。それによって、キリスト教徒がそうしたことがあったと信仰しているということまで、否定されるのでしょうか？

否定されませんよね。

実際、彼の言うように考古学的に調査した結果、都が使いまわされたことはあったようです。しかし、当時の日本の公式記録である『日本書紀』には、天皇一代ごとに都を移したと明記してあるのです。

この「記述」が意味しているのは、実情はどうあれ、そうすることが正しいと信じていたということなのです。だからこそ、そういう記述がなされたわけです。そして、そういうこと、つまり科学的に証明できるかできないかではなく、人々が何を信じていたかということを宗教というのです。

つまり、こういう批判をすること自体、宗教というものがわかっていないということを自ら露呈してしまったことになるわけです。

第四章　日本人はなぜ「怨霊」を神として祀るのか

「怨霊」は怨念を内包した死穢から生まれる

第三章で述べたように、日本では「穢れ」こそが諸悪の根源だと考えられました。なぜこのような思想が生まれたのか、はっきりとしたことはわかりませんが、私は、日本が天皇という最も尊い神の子孫が治める「神国」だとされたことと関係しているのではないかと考えています。

なぜなら、日本が神国だということは、本来なら、日本で悪いことなど起きるはずがない、ということになるからです。しかし、実際にはさまざまな禍が生じます。**この矛盾を成立させたのが「穢れ」という思想だからです。**

つまり、偉大な天皇の霊力を「穢れ」が邪魔しているから禍が起きてしまうのだ、ということです。その結果、穢れは可能な限り、忌避すべきだとする「穢れ忌避信仰」が生まれたのでしょう。

しかし、どんなに穢れを避けようとしても、人は穢れを完全に避けることはできません。なぜなら、人は必ず死ぬからです。

死は、どのような死でも必ず穢れを発生させてしまいます。

『古事記』のイザナギ、イザナミの話からもわかるように、死によって発生する穢れ「死穢《しえ》」は、人はもちろん神でさえも避けることができません。

そのため避けることのできない穢れに触れてしまったときの対処法が『古事記』には書かれています。その方法というのが、**清らかな水にその身を浸す「禊《みそぎ》」です。**

では、どのような穢れも清らかな水で流しさえすれば完全に祓うことができるのでしょうか？

実は「禊」でも祓いきれない穢れがあるのです。

その一つが、天皇の死によってもたらされる「大きすぎる穢れ」です。第三章で述べましたが、古代日本において天皇一代ごとに遷都していたのは、天皇の死によって発生する穢れが大きすぎて祓いきれないからでした。

もう一つ、禊では祓えない穢れがあります。

それが「怨霊《おんりょう》」です。

怨霊は、怨念を抱いたまま亡くなった人の死穢から発生する穢れです。死穢はどのような死に方をしても発生します。どんなに安らかな死に方をしても「穢れ」を生じるのですから、誰かに殺されたり、濡れ衣を着せられ死に追いやられたり、誰かを恨んで亡くなったり、といった不幸な死に方をすれば、**その怨念が「強力な穢れ」となり、さまざまな禍をもたらすと考えられたのです。**

そこで、日本人はできるだけ怨霊が誕生しないように心がけ、不幸にして怨霊が生じてしまったときには、その怨念を慰め、鎮めるための「鎮魂」をしなければならないと考えました。

こうして生まれたのが、怨霊を鎮魂するために神として祀る「怨霊信仰」です。

日本最初の怨霊「大国主命《おおくにぬしのみこと》」

では、怨霊信仰はいつ頃から始まったのでしょう。

私は、日本最初の怨霊神は、日本神話の「国譲り」の話に登場する大国主命（以下オオクニヌシ）だと考えています。

神話では、オオクニヌシはアマテラスの孫に国を譲ったとされていますが、実際には先住民であった出雲族と侵攻してきた大和族の間に戦争があり、敗れた出雲族の王オオクニヌシは、殺されたか追い詰められて自害したのだと思います。

敗れたオオクニヌシの怨念が死穢によって怨霊と化し、その禍を鎮めるために、大和族は、オオクニヌシは国を譲ったのだという美談に仕上げ、さらに神として出雲大社に祀ったのだと考えられます。

こうした私説は、発表した当時、学界では井沢の妄想だと歯牙にもかけられませんでしたが、二〇〇〇年に出雲大社で古代の神殿跡が発見されたことで、にわかに信憑性の高いものとされました。

というのも、伝承では古代の出雲大社は、天皇の御所である大極殿《だいごくでん》よりも、東大寺の大仏殿よりも巨大な神殿だったと伝えられていたのですが、学者たちはその理由を説明できないからなのでしょう、そんなことはあり得ない、こんなのはあくまでも誤った伝承だとされてきたのです。

確かにこれは古代世界の建造物のセオリーに反しています。前近代において、その国で最も大きな建築物は、国王の宮殿か、国教の神殿というのが常識だからです。

ところが出雲大社で発見された古代神殿の遺構は、直径一・三五メートルの巨木三本を金輪で固定したもので、実際の高さこそ不明ですが、構造的に東大寺大仏殿の高さを凌ぐ高層建築物を支えることが可能だったことが証明されたのです。

第1部でお話ししたように、常識に反したことをしている場合、そこには必ず何らかの理由があります。

世界を見ても、征服者が敗者の王を、その国で最高の建築物を建て、神として祀った例などありません。

となれば、**これはもう穢れ忌避信仰を持つ日本人が、最も恐るべき死穢の中でも最悪の禍をもたらす怨霊を恐れて行った**こととしか考えられないのです。

出雲大社の心御柱（写真提供：島根県立古代出雲歴史博物館）

すでに述べた通り、死穢の中でも最悪なものは、生前最も尊い存在であった天皇の死がもたらす穢れでした。

怨霊の場合もこれと同じで、怨念を持ったまま亡くなった天皇の死穢によって発生した怨霊が最も強力なものとなります。

事実、日本で一番強い神は、崇徳《すとく》上皇

という怨霊神です。このことは近代以前の日本では常識でした。

最強の怨霊となった崇徳上皇の悲しい出生

崇徳上皇とは、天皇家の相続争いとして知られる「保元《ほうげん》の乱」（一一五六年）の原因となった上皇です。では、なぜ激しい相続争いに発展したのかご説明しましょう。

実は崇徳上皇という方は、歴史上最も気の毒な天皇（上皇）なのです。

話は十二世紀初頭に即位した鳥羽《とば》天皇に遡《さかのぼ》ります。

鳥羽天皇は、后《きさき》である藤原璋子《しょうし》との間に生まれた皇子がいました。ところがこの子供、表向きは鳥羽天皇の子供ということになっているのですが、実は鳥羽天皇の祖父である白河法皇が、孫である鳥羽天皇の嫁に手をつけて産ませた子だったとも言われています。つまり、鳥羽天皇は可哀想なことに、自分の妻を祖父に寝取られた上、子供まで産まされてしまったということです。

祖父の子供なので、鳥羽天皇にとってこの子供は父親の弟、つまり叔父にあたることになります。そこで鳥羽天皇は、その子のことを陰で「叔父子」と呼んでいました。これは当時の記録である『古事談』という本に書かれていることです。

そして、この叔父子こそ、後の崇徳天皇なのです。

これだけでも充分悲劇ですが、白河法皇は、鳥羽天皇に早く天皇を退き、自分の子供である叔父子に皇位を譲れと迫ったのですから、なんとも不愉快な話です。

しかし、絶対的な権力を持つ祖父に逆らえない鳥羽天皇は、ぐっと堪え、復讐の機会を待つことにしたのです。

そして、白河法皇が亡くなると、鳥羽上皇は待っていましたとばかりに、本当に自分の血を引いた皇子を天皇の位に就《つ》けようと動き出します。しかし、そのためには、まず崇徳天皇を退位させなければなりません。そこで鳥羽上皇は、崇徳天皇をいじめ抜きました。そして、たまりかねて崇徳天皇が譲位を承諾すると、本当の息子に天皇を継がせました。これが近衛《このえ》天皇です。

それでもそのまま近衛天皇が長生きしていれば問題はなかったのですが、近衛天皇は十代の若さで亡くなってしまいます。

近衛天皇が早逝《そうせい》したとき、崇徳上皇は自分の息子が天皇になれると思っていました。なぜなら系図の上では崇徳と近衛は兄弟なので、一度は弟に皇位を譲ったものの、本来の天皇家のルールから言えば、長男である崇徳の長男が跡を継ぐのが当然だったからです。

ところが、鳥羽上皇は、それまで一度も皇位を継いだことのなかった別の息子に皇位を継がせてしまったのです。これがのちに後白河と呼ばれる天皇ですが、実はこの後白河さんは、近衛さんよりも年上だったのです。

では、なぜ年上の後白河がいたのに、近衛が先に皇位を継いだのかというと、後白河はあの璋子が産んだ子だったからでした。

鳥羽上皇の心理を分析すると、こうなります。近衛は、自分の血を引いた子だから天皇にしたけれど、亡くなってしまった。でも、崇徳は叔父子だから、こいつの息子には絶対に跡を継がせたくない。しかし、近衛は子供を残さずに死んでしまった。そこで、白河の子（崇徳）を産んだ璋子が産んだ子なので、それまで冷や飯を食っていた後白河だが、間違いなく自分の子なので跡を継がせた、というわけです。

問題は崇徳です。彼はどうやら自分が叔父子であるということを知らなかったようなのです。では、ここで崇徳の気持ちになって考えてみましょう。

自分は父親に反抗しているわけではない。それどころか子供としてきちんと尽くしているのに、父である鳥羽上皇は、何かにつけ自分をいじめ抜く。一体どうしてこんなことになるのだろう。

そこで崇徳は、ちょうど鳥羽上皇が白河法皇が死ぬのを待っていたように、鳥羽上皇が死ぬのを待つことにしました。鳥羽上皇が亡くなれば、自分の息子が天皇になるチャンスが巡ってくると考えたからです。

天皇家の略系図（一条から後鳥羽まで）

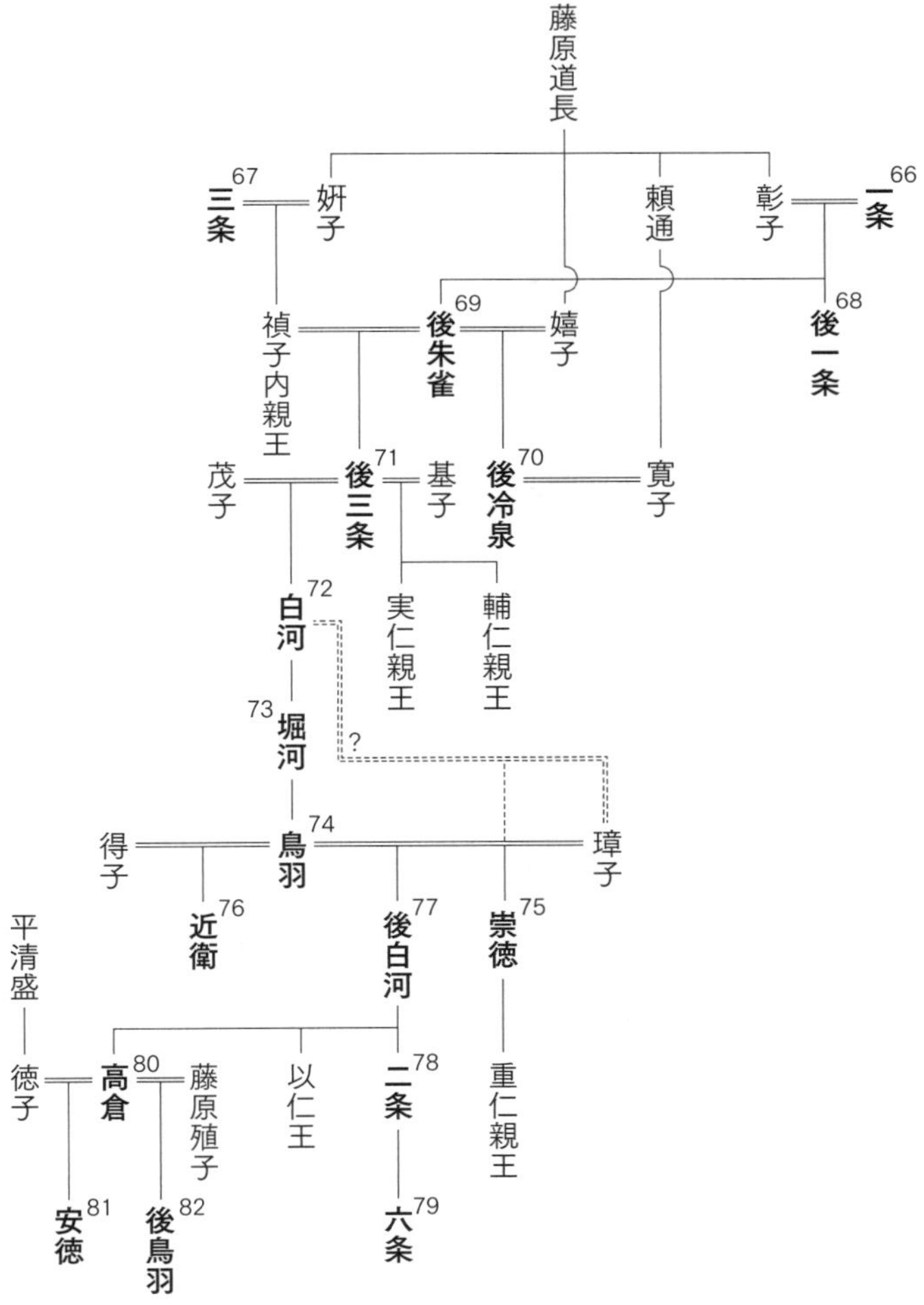

太字は天皇、数字は皇位継承の順
══は婚姻関係

後白河の無慈悲が生んだ崇徳の呪い

その後、確かにチャンスは巡ってきたのですが、崇徳が自分の子供を皇位に就けようとしたことで、朝廷は後白河天皇をそのまま維持しようという一派と、崇徳上皇の息子に跡を継がせるべきだという派に真っ二つに分かれてしまいました。

それでもこのとき、もし武士というものがいなければ、朝廷内の殴り合いで済んだかもしれないのですが、一度上皇になると、武士団を保護する立場に就くのが当時の常識でしたから、崇徳上皇の周りにはそういう人々がいました。もちろん、後白河天皇も、鳥羽上皇の強い意志で跡を継いだ人間ですから、鳥羽上皇が保護していた武士団を使うことができました。

その結果、後白河派と崇徳派に真っ二つに分かれた朝廷の意向を受けた武士団が武力衝突し、代理戦争を始めることになってしまったのです。これが保元の乱でした。

後白河天皇は、のちに鎌倉幕府を創設した源頼朝に「日本一の大天狗」と呼ばれたほどの海千山千の男ですから、やはり戦争もうまく、平清盛と源義朝（頼朝の父）という二大勢力の長《おさ》を味方につけ、争いを有利に運びました。

その結果、保元の乱は後白河天皇側が勝ち、敗れた崇徳上皇は讃岐《さぬき》（現在の香川県）に島流しにされ、その息子も出家させられ、天皇の相続権を失うことになりました。

このように言うと、激しい戦いの末、崇徳上皇側が敗れたように思うかもしれませんが、実際には、崇徳上皇は途中で矛《ほこ》を収めたのでした。そうして出家でもすれば、流罪を免《まぬが》れることができるのではないか、と思ったからでした。

しかし、後白河天皇は、崇徳上皇を許さず、流罪にしてしまいました。

思惑が外れた崇徳でしたが、それでも彼は配所の讃岐でおとなしく、一心に写経に務めて過ごしました。

写経というのは、読んで字のごとく、お経を書写することなのですが、これは同時にお経を読むことでもあるので、仏教に帰依《きえ》し、慈悲の心を育てる行為でもあります。そうして崇徳は、「五部大乗経」と呼ばれる膨大な経典を写し終えます。そして、この写し終えた教典を、崇徳は都の後白河のもとに送り、しかるべき寺に納めてくれるよう依頼しました。今でもそうですが、写経は基本的にお寺に納めるのが決まりだからです。

ところが後白河は、なんとその膨大なお経をそっくりそのまま讃岐の崇徳のもとに送り返したのです。

これに激怒した崇徳は、自分の右手の人差し指の先を食いちぎり、その血を使って、「この五部大乗経すべてを魔道に回向《えこう》する」と言い放ちました。さらに、天皇家を没落させ、天皇家以外の者をこの国の王にする、と呪いの言葉を発したのです。

そしてそれ以後、崇徳は髪も切らず、ひげも剃らず、爪も切らず、まさに化け物のような恐ろしい姿で天皇家を呪い続け、この世を去ったのです。

問題は、その後です。

保元の乱をきっかけに、平清盛や源義朝といった有力武士が宮廷の政治に口を出すようになり、やがて対立する両武家は、武家の棟梁《とうりょう》の座をかけた戦いに突き進んでいきました。この争いに決着をつけたのが「平治の乱」です。

平治の乱によって、源氏は中央から追い払われ、平家の天下が到来したわけですが、その後、どうなっていったか、皆さんはご存じでしょう。

平治の乱で敗れた源氏の御曹司である源頼朝が、平家を滅ぼし、後に幕府と呼ばれる軍事政権を打ち立てたのです。そして、その軍事政権を引き継いだ北条氏の北条義時は、なんと後鳥羽上皇を島流しにしたのです。

こうした世の移り変わりを目の当たりにした人々がどう思ったか、おわかりでしょうか？そうです、人々は「崇徳上皇の呪いが実現した」と戦慄《せんりつ》したのです。

事実、室町時代に書かれた『太平記』には、怨霊たちが、京の近郊に集まって世を乱す相談をしているというシーンが出てきますが、その魔王会議の首座にいるのは、金色の鳶《とび》に体を変えた崇徳上皇だ、となっていました。

崇徳天皇白峯御陵(香川県坂出市)

『太平記』は、講談の源流と言われる書です。講談というのは、ごく簡単に言えば「読み聞かせ」です。日本という国は、こうしたものの発達によって、文字が読めなくても文学作品が楽しめた、世界でも稀な素晴らしい伝統を持つ国なのですが、**だからこそ近代以前、崇徳上皇が日本最強の怨霊だということは、庶民も含めて日本人の常識だったのです。**

ここで注目していただきたいのは、崇徳上皇が自らの人差し指を食いちぎって、その血を以て「この五部大乗経すべてを魔道に回向する」と言ったことが実現したと皆が思ったということです。こういう言い方をすれば、この意味がおわかりいただけるでしょうか?

たとえば、西欧にはドラキュラという化け物がいます。吸血鬼ですね。しかしドラキュラがいかに強い力を持っていたとしても、自分の指を食いちぎって血を塗りつけて、「この聖書の力をすべて悪の方向に向ける」などと言うことができますか？

むしろドラキュラは、聖書を見ると恐れて逃げますよね。それが普通の化け物なのです。

ところが、日本だけは違います。なんと、あの仏教の膨大な正のパワーを、怨霊の一存で負にできる、ということなのです。そして、その話は昔から隠すこともなく伝えられてきました。

それゆえ『太平記』にも最強の怨霊として崇徳上皇が登場するわけです。

だからこそ、**日本の神々への信仰の中でも、最大最強のものは、怨霊信仰なのです。**

さて怨霊信仰というものが、日本文化にとっていかに強大なものかわかっていただけたでしょうか。

崇徳上皇が日本最強の怨霊である歴史的証拠

近代以前、確かに崇徳上皇が日本最強の怨霊だということは常識だったのですが、日本人はこういう歴史をすぐに忘れてしまうのです。

でも、実はこれも穢れ忌避信仰の影響なのです。

日本では恐ろしいことに、**悪いことはすべて穢れですから、その穢れを水に流してしまう、つまり忘れてしまえばすべて丸く収まる、**と考えるからです。そういう意味では、日本人が正しい歴史を伝えるのが苦手なのも、穢れ忌避信仰の影響だと言えるのです。

今の歴史学者たちが、歴史の全体像を見ることができていないのも、歴史の悪い部分も水に流すことなく、歴史全体の流れを見る私のような歴史家があまりいなかったのも、根底に穢れ忌避信仰があるから、と言えるのではないでしょうか。

ではここで、近代以前の日本において、崇徳上皇が日本最強の怨霊だというのが常識であった証拠をご紹介しましょう。

明治維新のときのことです。

孝明《こうめい》天皇が亡くなり、後に即位し明治天皇となるはずの人が、正式な即位の儀式を行う前、天皇の「引継ぎ」だけを行った段階（これを「践祚《せんそ》」と言います）で、改元よりも先に、まず何をしたのかご存じでしょうか。

四国山地にある崇徳上皇の御陵に勅使を送ったのです。

その勅使は何をしたのかというと、御陵の前である宣言を読み上げたのです。それは、「かつてあなたをここに流したことは間違いでした。お許しください。今あなたの霊を京都にお戻し致します。お帰り願います。どうか怒りを鎮められ、新しい朝廷を守護してください」というものでした。

これはフィクションではありません。それどころか宮内省（当時）の記録に明記されていることなのです。そしてこの謝罪文が御陵の前で読みあげられた一八六八年（慶応四年）八月二十六日の翌日に、明治天皇は正式に即位されたのです。

さらに、**崇徳上皇の神霊が、輿に乗って京都に戻ってきた翌日に、明治と改元したことも、宮内省の記録にきちんと残っている歴史的事実なのです。**

こうした事実から、当時の天皇や公家たちが、武家政権ができたことを、崇徳上皇の呪いが実現したと思っていたことがおわかりいただけると思います。だからこそ、明治維新でもう一度天皇が復権しようとしたときに、真っ先に崇徳上皇の神霊をなだめなければいけないと思ったのです。

ちなみに、この八月二十六日というのは、崇徳天皇の命日なのです。

それだけではありません。時代は下って、あの最初の東京オリンピックが開かれた一九六四年十月のちょうどひと月前、昭和天皇も、崇徳上皇陵に勅使を送って祈りを捧げているのです。歴代天皇は百二十数人おり、それぞれの命日には、勅使が派遣されることもあるのですが、普通は宮内庁の職員が代行します。ところがこのときは、昭和天皇の弟である高松宮がわざわざ勅使に随行しているのです。

もうおわかりでしょう。東京オリンピックが成功するように、最強の怨霊神である崇徳上皇に対して、天皇が敬意を払って弟を名代として送った、ということなのです。

先ほど上皇の神霊は京都に戻ってきたと言いました。そこは白峯《しらみね》神宮という場所で、今も崇徳上皇が祀られています。にもかかわらず、ご本人の遺骸がある四国の御陵に対して、昭和天皇は丁重に御挨拶を捧げられたのです。

強い怨霊だからこそ神として祀る

オオクニヌシのところで述べましたが、怨霊信仰は、怨霊の怨念を慰め、禍を鎮めることを目的に生まれました。

ですから、怨霊信仰には鎮魂をしなければいけない、という強い信仰があります。怨霊というのは、そのまま放っておけば世の中を乱し、あらゆる不幸の根源になるからです。穢れというのが現世におけるあらゆる不幸の根源だとしたら、怨霊というのは、あの世からこの世を動かす最大の悪の原因です。

もちろん国家にとって一番いいのは怨霊を発生させないことですが、発生してしまった場合、怒り狂う怨霊を慰め、なだめすかし、機嫌よくなってもらうことを指します。なぜそうするかといえば、怒りが鎮められれば、怨霊は怨霊でなくなるからです。

ではどのようにすれば、怨霊を鎮めることができるのでしょうか。

最も力の強い怨霊に対して用いられたのが、「神として祀る」というものでした。

人々に禍をもたらす怨霊を神として祀るなんて変だと思うかもしれませんが、実際に日本には怨霊を「霊験あらたかな神」として祀る社がいくつも存在しています。その中でも最も有名なものは「天神さま」でしょう。皆さんも受験のときに湯島天神や北野天満宮、太宰府天満宮など「天神さま」を祀る社で合格祈願をしたことがあるのではないでしょうか。

天神さまは、もともと菅原道真《すがわらのみちざね》（八四五〜九〇三）という平安時代に実在した人物です。菅原道真はとても頭のいい人物で、宇多《うだ》天皇に重用され、右大臣に任命されますが、当時権力を握っていた藤原氏の陰謀によって、九州の太宰府に左遷され、そこで失意のまま死を迎えることになります。

ところが、都に道真の訃報が届いてまもなく、恐ろしい災難が起きます。天皇の御所である宮中清涼殿に三度も雷が落ち、公卿が二人亡くなり、多くの怪我人が出たのです。災難はこれだけでは収まらず、道真を陥れた藤原氏の一人が雷に打たれ亡くなったのです。道真が怨霊と化したことに恐れをなした藤原氏は、荒ぶる道真の魂を鎮めようと、大宰府左遷の辞令を取り消し、前職の右大臣より二階級上の太政大臣に任じ、併せて正一位を贈りました。

しかし、それでも禍は収まらず、醍醐《だいご》天皇の御子が次々と病死するに至り、ついに怨霊・菅原道真を「天満大自在天」という神として祀ることにしたのです。

【欄外の補足説明】

９０１（延喜元）年、右《う》大臣の道真は大宰権帥《だざいのごんのそち》に左遷され、任地で死去した。死後、道真は怨霊《おんりょう》として恐れられるようになり、これを鎮めるために、京都には北野《きたの》天満宮《てんまんぐう》（北野神社）が、道真の墓所には太宰府天満宮がつくられた。のちに天神（菅原道真）は学問の神として広く信仰されるようになった。

（『詳説日本史』山川出版社）

教科書にも「怨霊」という言葉は出てきますが、日本人に平安時代以前の古代から「怨霊信仰」があったとは書かれていません。この「怨霊信仰」が歴史とどう関わりがあるのかを探究することが、実は歴史を知る上で、とても大事なことなのだと私は思います。

「諡《おくりな》」による怨霊鎮魂法

崇徳上皇や菅原道真のように、恐ろしい禍をもたらしたので神として祀るというのは、いわば対症療法です。

先ほども言いましたが、最善の策は怨霊を生み出さないようにすることです。そこで、禍が起きないように、不幸な死を遂げた人に対し、怨霊にならないようあらかじめ鎮魂というのも行われました。

実は、崇徳上皇の「徳」という一字がこの鎮魂と関係しています。

「徳」というのはもともとは中国語で、人間にとっての最高の品性を示すものです。のちに天下を取った松平家康が、本姓を「徳川」と改めたのも、そうした思想に基づいてのことでしょう。

先ほどから「崇徳上皇」や「鳥羽天皇」「後白河天皇」と称してきましたが、生前からこうした呼び名が用いられていたわけではありません。これは「諡《おくりな》」と言って、あくまでも、彼らがこの世を去った後に贈られた呼び名です。しかし、生前の名前で呼んだのではわかりにくいので、あえて諡を用いて説明していたのです。

この諡というのは、死後にその人の業績などに鑑みて贈られる名前です。

では、ここで考えてみてください。

平家の清盛の孫にあたる、あの壇ノ浦で死んでしまった、数え歳でわずか八歳の天皇は何と呼ばれていますか?

「安徳天皇」ですよね。

これ、おかしいと思いませんか? たった八歳で死んだ人間が徳など持っているはずがないではないですか。実は、これが怨霊信仰に基づく鎮魂の結果なのです。

簡単に言えば、**不幸に死んだ天皇に対して、それを慰めるために徳の字を贈る**、ということです。

ただここで一つ注意が必要なのが、持統天皇以前の天皇の諡については、怨霊鎮魂の思想が入っていないということです。

たとえば、古代の天皇に仁徳天皇という方がいますね。この方は、民が苦しんでいるのを察して税を免除し、その結果、宮殿は補修費がないのでボロボロになってしまったけれど、民は非常に豊かになったというエピソードの持ち主で、実際に素晴らしい徳のあった天皇だと言われている人です。

他にも、さらに古い時代に懿徳《いとく》天皇という方がいますが、この時代の徳というのは、紛れもなく中国の用法で、本当に徳があった天皇という意味で贈られた諡です。

というのも、かつての日本には、こうした中国風の諡（漢風諡号）がなかったのですが、奈良時代に過去の天皇に対しまとめて贈るということが行われたからです。このとき古代から持統天皇までの漢風諡号を考えたのは、淡海三船《おうみのみふね》という人でしたが、彼は漢籍に通じた文人で、純粋に漢語的意味に基づいて諡号を選考したとされています。

では、「徳」という文字が、怨霊信仰と結びつき鎮魂の意味を持つようになったのはいつからなのでしょう。

私は、その発端は、聖徳太子だと思っています。

聖徳太子、素晴らしい名前ですね。聖なる徳のある太子。しかし、この人は天皇になれませんでした。太子と言うことからもわかるように、彼は皇太子でした。彼は天皇の子として生まれ、その後、その天皇の妹である推古《すいこ》天皇に皇太子として指名されたのですが、最終的には天皇になれずに亡くなりました。そして、聖徳太子という名で呼ばれることになりました。

おそらくこれ以降、不幸に死んだ天皇に対して、「徳」を贈るべきだ、という方針になったと思われます。

その証拠として、左ページの表をご覧になってください。

まず、孝徳《こうとく》天皇は、天皇でありながら、誰も看取る人がなく、孤独死したと言われている、非常に不幸な亡くなり方をした天皇です。

そして、称徳《しょうとく》天皇は、宇佐八幡宮神託事件で道鏡《どうきょう》との不貞を噂されたのち、やはり不幸な死を遂げたと言われている人です。

さらに、文徳《もんとく》天皇は、最も愛した紀氏の后が産んだ第一皇子である惟喬《これたか》親王を、なんとか皇太子にしようとしたにもかかわらず、藤原氏の妨害にあって、それを成すことができず、発病後わずか四日で亡くなってしまった天皇です。

私は、この文徳天皇の急死は、藤原氏が毒殺した可能性もあると思っているのですが、解説

「徳」がつく天皇

天皇諡号	代数	現世への不満	死の状況
孝徳	36	皇太子(中大兄皇子)に妻を奪われ旧都に置きざりにされる	家臣に放置されて旧都で孤独死
称徳	48	弓削道鏡を天皇にしようとするが急死して果たせず	病死だが、暗殺説あり
文徳	55	最愛の第一皇子(惟喬親王)を皇太子にできず。無理やり譲位させられた	発病後わずか4日で急死
崇徳	75	政権奪回のため乱(保元の乱)を起こすが敗北し讃岐へ流罪となる	「天皇家を没落させる」と呪いをかけて憤死
安徳	81	平家の血を引く幼帝。わずか8歳で源氏に追われ一族もろとも滅亡	二位尼《にいのあま》に抱かれ海中へ投身自殺
順徳	84	武家政権を打倒するため父と共に挙兵するが敗れ佐渡へ流罪となる	流罪地で、都への帰還を切望しながら憤死

すると長くなるので、ここでは割愛します。

要するに何が言いたいのかというと、**孝徳天皇以後は、「徳」の字を贈られた天皇は、みな不幸な亡くなり方をした天皇**だということです。つまり実際の徳の有無には関係なく、不幸な亡くなり方をした天皇の霊に対し、怨霊にならないよう、あなたは素晴らしい徳の持ち主だった、帝の鑑だというようなことを言って、徳の字を用いた諡を贈り、その霊を慰めたのです。私はこれを**「贈《ぞう》徳の字方式鎮魂法」**と呼んでいます。

しかしこの「贈徳の字方式鎮魂法」も、後鳥羽上皇のときに終わりを告げます。

なぜそのようなことがピンポイントで言えるのかというと、これも記録に残っているからです。

実は、後鳥羽上皇も、亡くなった当初には「顕《けん》徳《とく》」という諡が贈られていたのです。ところが、その後、祟《たた》りと思われる悪天候や飢饉が続いたために、それを捨てて、「後鳥羽」と改められたということがきちんとした記録に載っているのです。

つまり、**徳の字を贈っても効果がなかったので、この鎮魂方法がその後は行われなくなった、**ということです。

怨霊鎮魂の道具としての仏教

さて、話は少し前後しますが、先ほど崇徳上皇の怨霊が最強とされた理由として、仏教の正のパワーを悪にできる力を持っていたからだというお話をしましたが、そこから読み取っていただきたいのが、**日本には仏教を怨霊鎮魂の手段として用いてきた歴史があった、**ということです。

穢れ忌避信仰のところで、持統天皇が外来宗教である仏教を導入することで、天皇一代ごとに首都を移転しなければならなくなるという穢れの問題を解決したことはお話ししました。

それが功を奏したことで、日本ではその後、仏教による怨霊鎮魂が試みられました。その典型例の一つが「奈良の大仏」だと私は考えています。

奈良の大仏は、聖武天皇の発願により、七五二年に建立されました。この聖武天皇の皇后である光明《こうみよう》皇后は藤原氏の出身なのですが、これは当時としてはあり得ない異例のことでした。

なぜなら、皇后の位に就けるのは、天皇家の血を受け継いだ者でなければならないとされていたからでした。

そのため、彼女の立后には皇族から反対の声が上がりました。中でも強く反対したのが当時左大臣の任にあった長屋《ながや》王でした。

すると、権力の掌握を目指していた藤原四兄弟は、妹である光明子の立后を実現するために、長屋王が謀反を企てていると濡れ衣を着せて密告、自害へと追い込んだのです。

ところが、長屋王を死に追いやった藤原一族が不幸に見舞われます。なんと、長屋王を陥れた光明皇后の兄たち藤原四兄弟が、次々と疫病（天然痘）に罹り死んでしまったのです。

聖武天皇との間に男子が育たなかった光明皇后は、すべての不幸は怨霊となった長屋王の祟りだと思ったのでしょう。このままでは藤原氏の野望も、聖武天皇の皇統も途絶えてしまいます。

なんとか手を打たねばならないと考えた光明皇后が、聖武天皇に働きかけて実現したのが奈良の大仏（正式名称は東大寺の毘盧遮那仏《びるしゃなぶつ》）の建立だった、というのが私の説です。

聖武天皇の「大仏造立の詔《みことのり》」は、その全文が『続日本紀』にありますが、それによれば大仏建立の目的は「国家安泰」だとされています。

その記述を以て学者の方々は、私の怨霊鎮魂説を否定しますが、**当時の人々が、穢れや怨霊**

の存在を信じていたことを考え合わせれば、国家の安泰のために大仏を建立するということは、仏教の力を以て怨霊の力を封じ込めようと考えたと言えるのです。

しかし結果から言うと、この大仏による怨霊鎮魂は失敗します。

聖武天皇と光明皇后の間に男子の跡継ぎはできず、唯一成人した阿倍《あべ》内親王が孝謙天皇として皇位につきますが、その治世は安定しません。一度は淳仁《じゅんにん》天皇に皇位を譲ったものの、藤原仲麻呂の乱（恵美押勝《えみのおしかつ》の乱とも）に連座する形で淳仁天皇は廃位され、孝謙天皇が称徳天皇として重祚《ちょうそ》することになりますが、彼女もまた道鏡事件を引き起こし、寂しい晩年を送ることになります。

ここで、１７９ページの表をもう一度見てください。

称徳天皇の名があることにお気づきになったと思います。

彼女は暗殺されたわけでも、陥れられたわけでもありませんが、生涯独身を強いられ、道鏡に位を譲るという望みも絶たれ、最後は一人寂しく世を去りました。しかも、彼女の代で奈良時代ずっと続いてきた天武系の皇統が途絶えることになったのです。

もうおわかりですね。**この不幸な女性天皇が、怨霊にならないよう、彼女の諡号には「徳」の字が用いられたのです。**

称徳天皇の跡を継いだのは、天智系の皇統を受け継ぐ光仁《こうにん》天皇です。彼自身は高齢で即位し

天皇家の略系図（舒明から光孝まで）

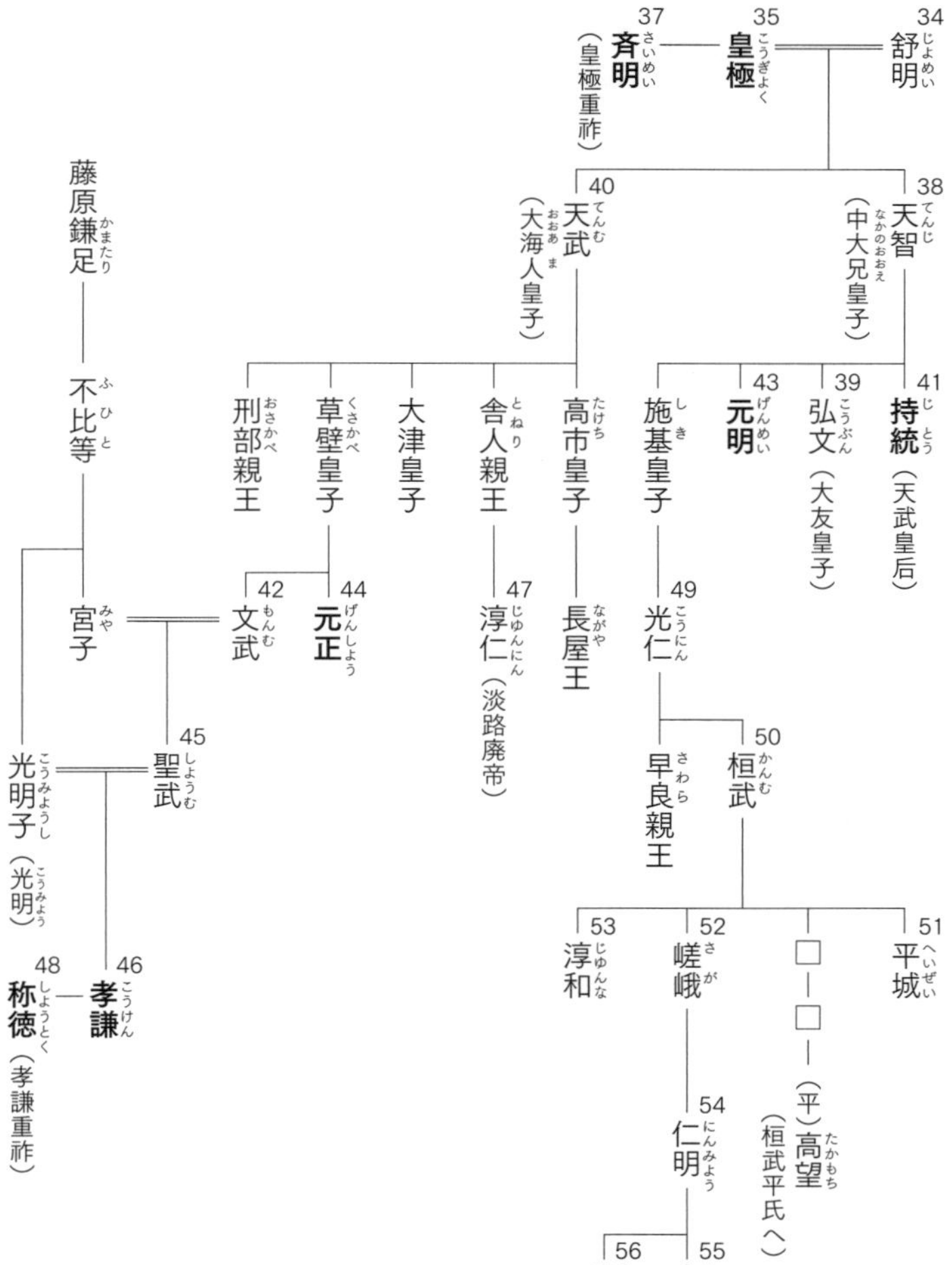

太字は女性天皇、数字は皇位継承の順

══は婚姻関係

※『日本書紀』では弘文天皇の即位は認めていない

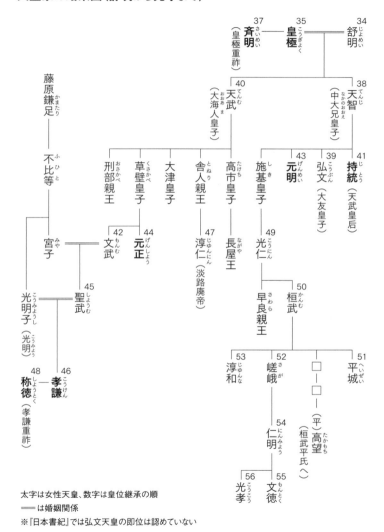

たので特に大きな事績はないのですが、彼の跡を継いだ桓武《かんむ》天皇は、奈良の都を捨て、京都に平安京を開いた天皇として知られています。

なぜ、桓武天皇は奈良の都を捨て、京都に新たな都をつくる必要があったのでしょう。教科書的には「肥大化した奈良仏教各寺の影響力を払拭するため」とされていますが、私は、**怨霊鎮魂の役に立たなかった奈良仏教を捨て、新しい都で、力を持った新たな仏教を開くためだった**と考えています。

ところが、こうした桓武天皇の考えに反対したのが、皇太子であった弟の早良《さわら》親王でした。早良親王は、桓武天皇の同母弟だったこともあり、桓武天皇の即位に際し、皇太子になりましたが、もともとは出家の身で奈良仏教の指導的立場にいた人物でした。還俗したとはいえ、奈良仏教とのつながりは強く、早良親王は桓武天皇に強く反対しました。

どうしても自分の意見に従わない早良親王に業を煮やした桓武天皇は、彼に謀反の罪を着せて皇太子の位を剥奪《はくだつ》し、島流しにしてしまったのです。早良親王は絶食して無実を訴え続けましたが、淡路に流される途中で亡くなってしまいます。

早良親王が憤死してまもなく、皇太子の発病や妃の死など、桓武天皇の周りで禍が起き始めます。

桓武天皇は、これを早良親王が怨霊化したと思ったのでしょう。「崇道《すどう》天皇」の名を贈り、その亡骸を淡路から大和に移送し手厚く葬りました。

早良親王は謀反人として皇太子を廃されたのですから、「天皇」の称号を贈るのは本来ならあり得ないことです。その通常ではあり得ないことを行った理由は、怨霊鎮魂以外に考えられません。

さらに、桓武天皇は、予定していた新仏教の導入を急ぎ、多くの僧を唐に留学させました。のちに天台宗の開祖となる最澄や、高野山を開く空海も、このときの留学僧の一人です。

こうして新たな仏教を導入し、仏の強い力で怨霊を封じ込めようとしたのですが、すでに述べた通り、仏教の力による怨霊鎮魂は、早良親王に対しては失敗してしまいます。だからこそ皆、恐れおののいたわけです。

『源氏物語』は怨霊鎮魂の産物

古来日本人は、さまざまな方法で怨霊鎮魂を試みてきました。

最も強力な鎮魂手段は、神として祀ることだというのはすでにお話ししました。

そのほかにも、実際に関係なく、怨霊になる危険性のある死者に「徳」の字を用いた諡を贈ったり、天皇になれなかった人に「天皇」の称号を贈ったりすることで、怨霊化を防ぐというのもかなり有効な手段として用いられました。

ではここで、**『源氏物語』『平家物語』『太平記』といった文学作品、さらには能楽などの演劇も、すべて怨霊信仰に基づく鎮魂の産物だ**と言ったら、あなたは驚くでしょうか。

驚かれた方のために、ご説明しましょう。

最初に怨霊信仰によって生まれた文芸は、私は『源氏物語』だと思っています。

では、『源氏物語』がなぜ怨霊物語なのかというと、「源氏」の物語だからです。

藤原氏は平安時代、あらゆる手を尽くしてその権力を確立しました。天皇にはなれなかったけれど、権力の掌握という点においては藤原氏の勝利に終わったと言ってもいいでしょう。もちろん天皇も、後に院政で藤原氏の専横に対抗したように、初期には自分たちの次男、三男を臣籍降下《しんせきこうか》（皇族ではなく家臣にする）させ、そしてその人々に姓を与え、左大臣や右大臣に登用し、藤原氏の勢力を抑えようとしました。その最後のエースが元皇族で、源《みなもと》を名乗るようになった、源高明《たかあきら》という人物でした。

彼は左大臣となり、藤原氏の対抗馬となりましたが、結局、藤原氏の陰謀によって左遷・追放されてしまいます。それ以降、中央の官職は、九条、近衛、鷹司《たかつかさ》など、いろいろな名字を名乗っているものの、すべて藤原氏ゆかりの家によって独占されてしまいます。

こうしてやってきた藤原氏の全盛期に権力者となったのが、有名な「この世をば　わが世とぞ思ふ望月の　欠けたることもなしと思へば」という、おそらく日本史上最も傲慢《ごうまん》な歌を詠んだとされる藤原道長です。

『源氏物語』を書いたのは、その超傲慢男である道長の娘に仕えていた紫式部なのです。

この異常さがおわかりですか？

たとえば江戸時代に江戸城大奥にいて、将軍の妻である御台所に使える奥女中が、豊臣家がライバルに勝って、天下を経営するという内容の『豊臣物語』を書くのと同じことです。現代で言うなら、ジャイアンツの球団事務所に勤めている女性が、『光るタイガース物語』というタイトルで、ジャイアンツとは書いていないけれども、東京の球団をタイガースがこてんぱんにやっつけるという話を書いたようなものなのです。

まあ確かに東京には、もう一つ球団がありますが、タイガースのライバルといえば普通はジャイアンツだと思うでしょう。

他ならぬジャイアンツの事務所にいる女性がそんな小説を出版し、ベストセラーになったとジャイアンツのオーナーが知ったら、「君もいいものを書いてるね」と褒めるでしょうか？現代の常識ではありえませんよね。

ところが、『源氏物語』では、そのありえないことが行われているのです。

『源氏物語』のお話では、最終的に主人公の息子が天皇になるので、勝ったのは源氏です。彼のライバルは、名前こそ「右大臣家」とぼかしてありますが、源氏のライバルと言えば藤原氏以外に考えられません。

現実世界では、先ほど述べたように、源氏の最後のエースである源高明は藤原氏に敗れ、中央政界を去り、二度と政界に復帰することはありませんでした。

ここまで言えば、もうおわかりでしょう。これも怨霊鎮魂なのです。

なぜ道長が紫式部の『源氏物語』を褒めたのか。

つまり**『源氏物語』は、現実世界では源氏に勝った藤原氏が、物語の世界の中で源氏を勝たせてやることで、敗れた源氏の怨霊を鎮魂することを目的に書かれたものだったのです。**

怨霊の鎮魂にはいろいろなやり方があり、物語の中、つまりフィクションの世界の中で勝たせてあげるというのも、その一つなのです。

ちなみに『源氏物語』に登場する人物は、今のドラマと同じで「実在しない」人々です。しかし、この物語に登場する最後の天皇「冷泉帝《れいぜいてい》」には、実在する天皇の名が用いられているのです。

物語の中の冷泉帝は、表向きは天皇の子ですが、実際の父は光源氏です。そうした人物が天皇になる、つまり藤原氏に勝つという話になっているわけです。

では、実在の冷泉天皇はいつの時代の天皇かと言うと、源氏の最後のエース源高明を流罪にしたときの天皇なのです。つまり、歴史上は藤原氏に味方して源氏を最終的に政界から追放した天皇なのです。

嘘のような話ですが、本当です。

現在ですらフィクションの中で実在の天皇を取り上げるのは差し障りがあります。そんなタブーと言っても過言ではないことを、千年も昔に『源氏物語』では行っているのです。そんな極めて畏れ多いことをなぜあえて行ったのでしょう。そして宮廷関係者は、なぜそのことを咎めなかったのでしょう?

もうその理由を繰り返す必要はないでしょう。当時の人々は、それが有効な鎮魂方法だとわかっていたからなのです。

『平家物語』の成功がもたらした思わぬ副産物

こうしたフィクションを用いた鎮魂方法は、その後も続きます。

とはいえ、すべての日本人が怨霊を恐れていたのかというと、実はそうではありませんでした。日本には二種類の人間がいて、怨霊鎮魂にこだわったのは、弥生系の天皇や公家と言われる人たちでした。

もう一つの日本人、つまり縄文系の人々は、もともとは穢れ忌避信仰を持たない人々だったと考えられます。なぜなら、狩猟を日常的に行っていた彼らは「死」に触れることが多く、それを忌避していたら生活ができなくなってしまうからです。

こうした縄文系の人々の考えを色濃く受け継いでいたのが、のちに「武士」と言われる人々です。

この武士の誕生・台頭については、穢れ忌避信仰と深い関係があるので、後ほど詳しく述べます。ここでは**天皇家や公家は穢れ忌避信仰を持つが故に怨霊を恐れ、さまざまな方法を駆使して鎮魂を行っていましたが、武士は穢れ忌避信仰を持っていなかったために、怨霊を恐れてはいなかった、**ということだけ知っておいてください。

この説明を聞いて、勘の鋭い読者は疑問を感じられたことでしょう。

それは、先に『源氏物語』とともに挙げた、怨霊鎮魂の産物の中に『平家物語』の名があったことです。

『平家物語』は、平家が打ち立てた武家政権を源氏という武家が倒したという現実の歴史を踏まえた物語だからです。

平家が敗れたのも、源氏が勝ったのもフィクションではなく事実に即しています。

そんな作品がなぜ鎮魂になるのでしょう。

ここで、平家のことを思い出してみてください。

彼らは権力の頂点を極め、自分の一族から天皇まで出したのに、最終的にはその天皇と一緒に全滅した、極めて不幸な一家です。

滅ぼした側の源氏は、それもまた武家の宿命と受け止め、特に何もしませんでしたが、この平家の不幸を放っておいたら大変なことになる、と恐れた人物がいました。

それは、平家から源氏に寝返った後鳥羽上皇の側近として仕えた慈円《じえん》僧正です。

慈円僧正は僧侶ですが、公家の出身なので、怨霊信仰の信者でした。

事実、彼が書いた日本史上初めての歴史論『愚管抄《ぐかんしょう》』には、世の中のさまざまな不幸はすべて怨霊のせいだ、とちゃんと書いてあります。仏教にはそういう教えはありません。つまり慈円僧正は、日本の仏教界を代表する比叡山延暦寺のトップ（天台座主《てんだいざす》）であると同時に熱心な怨霊信仰の信徒でもあったということです。

その彼が、自らの立場を使って乗り出した怨霊鎮魂プロジェクト、それこそが『平家物語』なのです。

『平家物語』最大の注目点は、それが「語り物」であるということです。語り物とは、目の見えない琵琶法師が、音曲にあわせて物語を語って聞かせるというものです。

この時代の文学の中で、もっとも特色があるのは、戦いを題材に武士の活躍ぶりをいきいきと描き出した軍記《ぐんき》物語である。なかでも平氏の興亡を主題とした『平家物語《へいけものがたり》』は、琵《び》

琵琶法師《わほうし》によって平曲《へいきょく》として語られたことにより、文字を読めない人々にも広く親しまれた。
（『詳説日本史』山川出版社）

『平家物語』の作者は確定していませんが、吉田兼好の『徒然草』の記述から、信濃前司《しなののぜんじ》（藤原）行長《ゆきなが》という人物が作者で、それを生仏《しょうぶつ》という盲目の僧に教えて語り手とした、と言われています。

ここで注意していただきたいのが、今は出版社やレコード会社があり、いろいろな形で大衆に作品を売ってくれるので、歌手も作家も印税生活ができますが、昔はそうしたことができなかったということです。

そうした時代に、あのような大長編をつくるためには、パトロンとなって生活を支えてくれる人が必要不可欠でした。パトロンというのは、「生活の心配はするな、創作に専念せよ」と言って、生活の面倒を見てくれる人です。

つまり、信濃前司（前に信濃守をつとめた）行長や生仏という僧のパトロンになり得たのは、誰かということです。

私が『平家物語』を慈円による怨霊鎮魂プロジェクトだと言ったのは、慈円なら経済的にも立場的にもそれが可能だったからです。

慈円が素晴らしいのは、『平家物語』を『源氏物語』のような小説にはせず、最初から琵琶法師による「語り物」としたことでした。なぜこれが素晴らしいのかというと、語り物であれば聞くだけでいいので、文字が読めない人でも、それを楽しむことができるからです。

鎮魂を目的とした場合、これはとても重要なことでした。なぜなら、**より多くの人が『平家物語』を楽しむということは、より多くの人が鎮魂プロジェクトに参加することになるので、鎮魂の効果も大きくなると考えられたからです。**

おそらく、『平家物語』を『源氏物語』のようなフィクションにしなかったのも、そのためだと考えられます。

なぜなら、平家が滅びたことは多くの人が知る事実だったからです。そうした状況で、もしも平家が源氏に勝ったという物語を書いたら人々はどう感じるでしょうか。

そんなことをするよりも、武運つたなく滅びてはしまったが、平家というのは素晴らしい一族であったと、平家の人々を称える物語にした方が、はるかに不幸に死んだ平家の人々の魂を慰めることができるのではないでしょうか。

事実、多くの人々が琵琶法師の語る『平家物語』に心を動かされ、平家の人々の死を悼み涙を流しました。

慈円の平家鎮魂プロジェクトは大成功したわけですが、実はこの成功は思わぬ副産物を日本にもたらしました。**その副産物とは、日本における識字率の向上です。**

実は文字というのは、何の脈絡もない言葉を覚えるのが非常に難しいのです。

しかし、知っている言葉の場合、その言葉はこう書くのだよ、と教えられれば、簡単に覚えることができるのです。

つまり、子供の頃から『平家物語』を聞いて覚えていた人の場合、「祇園精舎《ぎおんしょうじゃ》の鐘の声、諸行無常の響あり」といった難しい言葉でも、祇園精舎とは漢字でこう書くのだと教えられれば、比較的簡単に覚えることができた、ということです。

ですから私は、『平家物語』が語り物であったことで、多くの日本人が親しめたことが、日本人の識字率の向上に、極めて貢献したのではないかと考えているのです。

怨霊信仰が「能」を生み出した

『平家物語』や盲目の琵琶法師と聞いて、小泉八雲の『怪談』に含まれる「耳なし芳一《ほういち》」の話を思い出された方もいると思います。

「耳なし芳一」は、伝承をベースとしたフィクションではありますが、『平家物語』を語る芳一という盲目の琵琶法師が、平家の怨霊に魅入られ、それを知った師僧が、芳一を守るために体中に経文を書くのですが、耳だけ書き忘れたために、怨霊に耳をちぎり取られてしまうというお話です。

この物語の背景にあるのは、怨霊に関わる物語には危険が伴うと、当時の人が考えていたという事実です。

この意味がわかると、なぜ語り部が琵琶「法師」、つまり僧侶でならなければならなかったのか、ということがわかります。

繰り返しになりますが、仏教には怨霊に対抗する力があると考えられていました。だから、怨霊から身を守るために、語り部は僧でなければならなかったのです。

実際「耳なし芳一」の話では、体に経文を書くことで、芳一は怨霊からその身を守ることができたということになっています。

室町時代になると、こうした怨霊の物語をもとに、人が怨霊そのものに扮して演じる「能」が行われるようになります。

能と怨霊が結びつかないという方もいるかもしれませんが、能を大成させた世阿弥《ぜあみ》が書いた初期の能は、ほとんどが次のようなストーリーでした。

旅の僧が古戦場に行くと、突然、地元の人間が現れ、古い時代の英雄の悲劇、あるいは女性の悲しみを語りだします。その話は実に具体的で、僧が不思議に思っていると、やがてその人間が本性を表します。地元の人間だと思っていた人は、実は怨霊だったのです。そして、弔ってもらえない苦しみを訴えられた旅の僧は、怨霊を憐れに思い、その魂を供養する、というものです。

こうした初期の作品だけでなく、能には「敦盛」など『平家物語』を題材としたものもたくさんあります。そういう意味でも、**能は怨霊信仰と深く結びついた芸能と言えるのです。**

ただし、ここで注意していただきたいのは、怨霊の物語が最初に文芸の形で書かれたのは『源氏物語』ですから、もっとずっと古いということです。古くから存在していた文芸が能という「演劇」になるまで、なぜこれほど長い時間がかかってしまったのでしょう。

『平家物語』の語り部が僧でなければならなかった理由がわかれば、答えは簡単です。危険だからです。

語るだけでも危険なのに、怨霊に扮して演じるなど危険極まりない行為です。怨霊に取りつかれてしまうかもしれないからです。

この問題を乗り越えられなかったので、長い間、怨霊鎮魂劇が行われなかったのです。

そして、それを乗り越えたのが、世阿弥なのです。

世阿弥は素晴らしい「装置」を開発しました。つまり、それをつけている間は怨霊になれ、劇が終わった後、それを外せば普通の人間に戻れるという装置です。

おわかりでしょうか？

その装置とは、「能面」です。つまり世阿弥は、怨霊を演者ではなく、能面に憑依《ひょうい》させることで、演者の身を守りつつ、怨霊を演じることを可能にしたのです。

この能面という天才的な装置の開発があってこそ、能楽は生まれることができたのです。

日本人の識字率の高さは怨霊信仰のおかげ

ところで世阿弥が発明した「怨霊と人間の分離装置」である能面は、思わぬ楽しみを日本人にもたらしました。若いときの私に古典芸能の手ほどきをしてくれた師匠は「能はカラオケだ」と言ったのです。この意味がわかりますか？

たとえば、あなたが熱心な歌舞伎ファンだとしましょう。しかし、いくら大ファンだとしても、市川團十郎と舞台の上で共演するのは不可能でしょう。歌舞伎を演じるためには、その所作やセリフなどすべてマスターしなければならないからです。つまり歌舞伎役者と同じ舞台に立つためには、自分も歌舞伎役者になるしかない、ということです。もちろんそうなったところで主役は無理です。

しかし、能は違います。まず面を「つける」のでセリフを覚える必要はありません。重要なセリフは自分で言わねばなりませんが、ほかの演劇に比べたら数が少なく言い方もパターン化されていますので素人でも少しの努力で話せます。セリフの多くは、謡曲《ようきょく》という形で他の能楽師が「唄って」くれます。また、素人にとって最も難しい「表情をつくる」必要もありません。さらに能楽は動きのパターンがすべて整理されているので、その型を覚えれば素人でもなんとかプロと共演できます。それどころか自分が主役となってプロ能楽師に脇を固めてもらうことだって不可能ではないのです。

つまり、**能は「見るもの」であると同時に「演じるもの」になったのです。だから「カラオケ」なのです。**それを可能にしたのは、すべて能面のおかげであり、シェークスピア劇でも不可能だったことが日本では可能になったわけです。

戦国武将である豊臣秀吉や徳川家康が、能の大ファンだったことはよく知られています。中でも秀吉は演じることが好きだったと言われています。そんな秀吉は、出入りの能楽師に命じて「明智《あけち》討《うち》」などという新曲をつくらせ、自ら主役を演じ、多くの大名に見せたと伝えられています。

家康はあくまで観客として楽しむ側でしたが、能を徳川将軍家の式楽《しきがく》（儀式に用いられる音楽・芸能）に採用しました。江戸城でお祝い事があるときは、各流派の能楽師が招かれて得意な演目を披露したこともあり、多くの大名たちが能のファンになり、自ら演じる者が増え、能はますます盛んになりました。

能面、衣装、舞台などには、とても手が届かない庶民でも、セリフとト書きを一緒くたにした「謡曲」を習うことは可能だったので、長屋の婚礼の席などで、大家が「高砂《たかさご》や、この浦舟《うらぶね》に帆《ほ》を上げて」と謡曲「高砂」を唸《うな》ることにもなりました。こうした光景は時代劇などでもよく見られます。

この意味の重大さがおわかりでしょうか。

これは、イギリスでたとえれば、庶民がシェークスピア劇の台本を丸暗記していたのと同じことです。もちろんイギリスの庶民にはそんなことは不可能でした。しかし日本ではそれが可能でした。

つまり、こうした楽しみを通して日本では庶民の教養レベルが著しく向上したのですが、それらはすべて**『平家物語』や『太平記』、さらには能楽といった怨霊信仰が母体となって生み出された文芸がもたらした思わぬ教育効果だった**と言えるのです。

さらに、大名の道楽でもあった能を、大衆化するために、特にビジュアル面を強化し、「見て面白い」ものにしたのが歌舞伎です。すると今度は、落語に出てくる長屋の住人「八っあん、熊さん」のような庶民が歌舞伎のセリフを暗記し、好んで口にしました。

もう一つの鎮魂文学『太平記』については、少し込み入った事情があるのでここでは詳しく説明しませんでしたが（ご興味のある方は、『逆説の日本史7』を読んでください）、江戸時代には『太平記』をもとにした講談も庶民の娯楽として人気でした。

先に『平家物語』が日本人の識字率を高めたと言いましたが、それが誇大表現でないことがおわかりいただけたのではないでしょうか。

事実、幕末に日本に来た外国人の手記に、日本の下働きの女性が井戸端で絵草子つまり「本(文字)」を読んでいるのに驚愕したという記録が残っています。そんなことは、文明先進国を自負する欧米でも不可能だったからです。

その国の宗教と文化は切り離して考えることができないものだというのは、世界の常識です。なぜ日本のように小さな島国で、世界に先駆けて『源氏物語』のような優れた文芸作品が生まれたのでしょうか?

なぜ早くから文芸が発達していたのに、日本では演劇が生まれるのが遅れたのでしょうか。なぜ日本人は近代以前から識字率が高かったのでしょうか?

現在の歴史教育でこうした問いに対する答えを出せないのは、日本固有の宗教から目を背けているからに他なりません。

歴史では、時としてある事象が本来の目的とはまったく違ったところで、まったく意図しなかった素晴らしい効果につながるということがよくあります。でも、その相関関係を見つけ出すためには、あらゆる分野を視野に入れて、全体像を見ることが必要なのです。

第五章　日本人はなぜ「和」を一番大切にするのか

日本人に「和」を根付かせたのは聖徳太子だった

日本は「和」を重んじる国です。

おそらく、これに異論を唱える人はいないと思います。

しかし、この「和」を重んじる精神が、日本独自の宗教に起因していることを自覚している人はほとんどいないと思います。でも、それは無理もないことなのです。なぜなら、これも歴史教育の場で日本固有の宗教を無視してきた結果だからです。

なぜ日本人は「和」を重んじるのか。これも日本固有の宗教を理解できれば、自ずとわかることなのです。

ではまず、「和」とはどういうものなのか、辞書で「和」の意味を見てみましょう。

【和】わ・する

一《自サ変》文わ・す《自サ変》

①天候など、物事の状態がおだやかになる。なごむ。

②仲むつまじくする。仲よくする。親しむ。

③二つの物事が調和して一つになる。

④ある音響や調子が他の音響や調子と調和する。調子が合う。

⑤他の動作、特にことば、歌、音などに相応じる。答える。調子を合わせる。

二《他サ変》文わ・す《他サ変》

①おだやかにさせる。やわらげる。

②仲よくさせる。むつまじくさせる。

③二つの物事を一つに調和させる。また、混ぜ合わせて一つにする。

④他の漢詩の韻に合わせて、漢詩を作る。

⑤外国語の表現を日本の表現に改める。日本語に訳す。和訳する。また、訓読する。

⑥ことば、歌、また、音響や調子に他のことば、歌、音響や調子を調和させる。

（『精選版　日本国語大辞典　3巻』より抜粋）

これを読むと「おだやか」「仲むつまじく」「調和」した状態が「和」だということがわかります。

少々下世話な例で言うと、職場のみんなで今日開店したラーメン屋にラーメンを食べに行こうという話がまとまりつつあるとき、それに従うと協調性があると言われますが、一人だけ「いや、俺はラーメンなんか嫌いだからカレー屋に行く」などと言ったら、それは和を乱す奴、ということになるわけです。

日本人は、こうしたときに「和」を保つことを極めて重視しているのです。この「和」を重んじる精神を日本人に根付かせたものがあるのですが、何だかおわかりでしょうか。日本人なら誰もが歴史の時間に学んだものです。

それは、聖徳太子が制定した「憲法十七条」、あるいは「十七条憲法」と呼ばれるものです。

では、その説明が教科書ではどうなっているのか見てみましょう。

憲法十七条

一に曰《いわ》く、和《わ》を以《もっ》て貴《たっと》しとなし、忤《さか》ふること無きを宗《むね》とせよ。

二に曰く、篤《あつ》く三宝《さんぽう》①を敬へ。

三に曰く、詔《みことのり》②を承《うけたまわ》りては必ず謹《つつし》め。

君をば則《すなわ》ち天《あめ》とす、臣をば則ち地《つち》とす。

十二に曰く、国司《くにのみこともち》・国造《くにのみやつこ》、百姓《おおみたから》に斂《おさ》めとる③ことなかれ。国に二《ふたり》の君なく、民に両《ふたり》の主《あるじ》なし。率土《くにのうち》の兆民《おおみたから》④、王《きみ》を以て主とす。

十七に曰く、それ事は独り断《さだ》むべからず。必ず衆《もろもろ》と論《あげつら》ふべし。(『日本書紀《にほんしょき》』、原漢文)

①仏教。②天皇の命令。③税を不当にとる。④すべての人民。

(『詳説日本史』山川出版社)

憲法十七条は、豪族たちに国家の官僚としての自覚を求めるとともに、仏教を新しい政治理念として重んじるものでした。

この説明は完全な間違いとは言い切れないものがありますが、私が述べようとしている宗教との関わり以前に、**憲法十七条の基本的な解説という点においても、極めて不正確、不十分です。**

この憲法十七条については、私は二十年くらい前から指摘している問題ですが、今になっても少しも改善されていません。だから、しつこいようですが、何度もこの問題について同じことを言わなければいけないのです。

どういうことか、ご説明しましょう。

まず問題なのは引用されている原文です。憲法十七条という表題の後に、「一に曰く、和を以て貴しとなし、忤ふること無きを宗とせよ。」とありますね。これが原文であることは事実ですが、これだけが原文ではないのです。

しかし、私の印象では、日本人の九割以上が、いや、九割九分と言ってもいいかもしれませんが、憲法十七条の第一条は、「和を以て貴しとなし、忤ふること無きを宗とせよ。」がすべてだと思っているのではないでしょうか。

ところが、実際の憲法十七条の第一条は、この続きが長々とあるのです。

原典は『日本書紀』ですが、漢文でわかりにくいので、ここでは現代語訳を採用しました。ただし、私が訳すと「井沢元彦が自分の主張に都合のいいようにねじ曲げた」などと文句をつける人がいるかもしれないので、まったく別の分野の学者が訳した文を使わせていただきます。

これからご紹介するのは、歴史学者ではなく、仏教学者の文化勲章受章者でもある中村元《なかむらはじめ》博士の文章です。

第一条

おたがいの心が和らいで協力することが貴いのであって、むやみに反抗することのないようにせよ。それが根本的態度でなければならぬ。ところが人にはそれぞれ党派心があり、大局を見通している者は少ない。だから主君や父に従わず、あるいは近隣の人びとと争いを起こすようになる。しかしながら、人びとが上も下も和らぎ睦まじく話し合いができるならば、ことがらはおのずから道理にかない、何ごとも成し遂げられないことはない。

第二条

まごころをこめて三宝をうやまえ。三宝とはさとれる仏と、理法と、人びとのつどいとのことである。それは生きとし生けるものの最後のよりどころであり、あらゆる国ぐにが仰ぎ尊ぶ究極の規範である。いずれの時代でも、いかなる人でも、この理法を尊重しないということがあろうか。人間には極悪のものはまれである。教えられたらば、道理に従うものである。それゆえに、三宝にたよるのでなければ、よこしまな心や行いを何によって正しくすることができようか。

第三条
天皇の詔を承ったときには、かならずそれを謹んで受けよ。君は天のようなものであり、臣民たちは地のようなものである。天は覆い、地は載せる。そのように分の守りがあるから、春・夏・秋・冬の四季が順調に移り行き、万物がそれぞれに発展するのである。もしも地が天を覆うようなことがあれば、破壊が起こるだけである。（以下略）

第十七条
重大なことがらはひとりで決定してはならない。かならず多くの人びとともに論議すべきである。小さなことがらは大したことはないからかならずしも多くの人びとに相談する要はない。ただ重大なことがらを論議するにあたっては、あるいはもしか過失がありはしないかという疑いがある。だから多くの人びととともに論じ是非を弁えてゆくならば、そのことがらが道理にかなうようになるのである。

（『日本の名著2　聖徳太子』中村元編・中央公論社）

これを読むと、第一条で言っているのは、日本人にとって「和」が最も大切だということだということがわかります。

「話し合い絶対主義」という宗教

どれほど和が大事かというと、通常最も重要なことは最初に書くので、第二条、第三条よりも第一条に書かれた「和」が大事であるということになります。

では、第二条に書かれているのはなんでしょう。

「二に曰く、篤く三宝を敬へ」

ここでいう三宝とは、仏法僧、つまり仏教のことです。

そして、第三条は「詔を承りては必ず謹め」。

詔とは天皇の命令のことなので、これは天皇の命令に必ず従いなさい、ということです。

おわかりでしょうか、つまり**聖徳太子は、仏教の教えよりも、天皇の命令に従うことよりも、和を保つことが大切だ**、と言っているのです。

しかし、どんなに和を大事にしようとしても、中には自分の利益だけを考えたり、派閥をつくって言い争ったりと、和を乱す奴というのが、いつの世にもいるものです。

そこで**聖徳太子が提案しているのが、話し合いなのです。**

ここでもう一度、先の中村元氏の訳文を見てください。

「上も下も和らぎ睦まじく話し合いができるならば、ことがらはおのずから道理にかない、何ごとも成し遂げられないことはない」

実はこの文章には、歴史的におかしいことと、論理的におかしいこと、二つのおかしな点があるのです。

まず歴史上の方は、予備知識が必要なので少し解説しましょう。

聖徳太子は、本名を厩戸皇子《うまやどのみこ》と言い、女帝であった推古天皇の摂政として日本を統治した人です。「太子」とは皇太子という意味ですから、次期天皇を予定されていた人でもあります。しかし、怨霊信仰のところでも少し触れましたが、彼は天皇にはなれずに亡くなってしまいました。

とはいえ、聖徳太子は天皇の代理として国を統制する立場にあった人ですから、公人の立場を重んじるのであれば、「天皇の命令には必ず従え」ということを言ったはずです。実際そうしたことを言っていますが、それは第三条です。

また聖徳太子は、個人的には仏教の熱心な信者でした。ですから、聖徳太子が個人の立場を重んじるのであれば、「日本人よ、仏教という素晴らしい教えがある、これを重んじよう」と言ったはずです。実際、彼はこれも言っていますが、あくまでも第二条です。

歴史的におかしな点があると言ったのは、そこのところです。

聖徳太子は最高権力者の座にありながら、憲法十七条の第一条、つまり最重要項目として、

「和が最も尊く、そのためにはすべて話し合って決めることが正しい」と言っているのです。

しかも、聖徳太子が生きていたのは七世紀です。古代世界において最も重視されるのは、権力者の意向か神の意志（宗教指導者の意向の場合もありますが）というのが世界の常識です。世界中のすべての国の権力者の言葉を調べたわけではないですが、少なくとも七世紀の権力者にこんなことを言った人は、聖徳太子以外には一人もいないと思います。

これが歴史的におかしいと私が主張する部分です。

もう一つの、論理的におかしな点は、知識がなくてもわかるかもしれません。

聖徳太子の言っていることをさらに要約すれば、「物事は、話し合えば必ず解決するし、必ず成功する」と言っているのです。

そんなことが本当にあるでしょうか？

たとえば、議会という話し合いの場で、みんなで話し合って決めさえすれば、どんなことでも内容は正しく、その結果は必ず成功するのでしょうか？

そんなことはありませんよね。

物事を話し合いで決めるというのは、ディシジョンメイキング（decision making）の一つの方法に過ぎません。その方法に徹したからといって、その内容が正しいかどうか、あるいは決めたことがうまくいくかどうかということは、また別の次元の問題です。

皆さんの個人的経験でも、みんなで話し合って決めたことが、何年か経ってみると、実際には正しくなかった、ということはあるでしょうし、あるいは、会社のプロジェクトをみんなで決めたが失敗したということもあるでしょう。それが常識であり、論理的な主張です。

ところが聖徳太子は、話し合いさえすれば、物事は中身も正しいし、結果的にもうまくいくと言っているのです。

これが意味していることがおわかりでしょうか?

実はこれ「宗教」なのです。

宗教には必ずしも神様がいなくてもいいのです。合理的、科学的、論理的に証明できないことをそうだと信じるのが宗教だからです。

では、この場合、聖徳太子が信仰しているのはなんでしょうか?

おわかりでしょう。そう、**「話し合い」**なのです。

では、ここで先に引用した教科書の記述をもう一度見てください。

憲法十七条についての説明に「話し合いを重要視した」という記述はありません。おかしいと思いませんか?

憲法十七条の全文を素直に読めばわかることが、教科書を執筆する著名な学者になぜわからなかったのでしょう。

私は、わからなかったのではないと思います。全文を載せないのも、憲法十七条が話し合いを信じる宗教に基づくものであることを、彼らが認めたくなかったからではないでしょうか。

一番大切なことは冒頭か結末にある

日本には、話し合いさえすれば、物事は必ず正しくうまくいく、という「話し合い絶対主義」があるということを、私とは別のアプローチで説いた方がおられます。それは、「話し合い絶対主義」という言葉を最初に使われた評論家の山本七平さんという方です。

山本さんは、現代の政治を分析して日本人には非常に話し合いを尊重する気風があるということに気がつき、それを話し合い絶対主義と命名したのですが、それが歴史的にいつから発生して、なぜ発生したのかということについては、まったく触れられていません。

その山本七平さんと聖徳太子には、ある共通点があります。それは、山本さんの場合はキリスト教、聖徳太子の場合は仏教という、それまで日本にまったくなかった考え方の信者だったということです。

第1部で日本の特徴は、世界と比べることでよくわかるようになると申しました。これは、まさにその典型的な例と言えます。

世界的宗教であるキリスト教や仏教の常識からすると、第一条に書かれていることは絶対にあり得ないことです。なぜなら、話し合いというのは誰がやるかといえば人間だからです。神ならぬ人間は、どんなに優秀な人であっても必ず間違いを犯します。したがって、人間が寄り集まって話し合いさえすれば、物事がうまくいくというのは、世界の常識に当てはめれば絶対に成り立たない考え方なのです。

いくら話し合いで決めたことであっても、それが神や仏の教えに反していたら、正しいことにはなりません。でも聖徳太子はそれを主張しています。

そのため私も、最初に憲法十七条第一条は話し合い絶対主義を主張していると解釈したときも本当にこれでいいのかと、自分で自分の結論を疑いました。もしかしたら思い違いではないかと思ったのです。

そこで私は、改めて憲法十七条の全文を読んで考えてみることにしました。

仮に私の第一条に対する結論が正しいとします。そうすると、聖徳太子は物事を話し合いで解決しさえすれば、その内容も正しくなるし、その決めたことも成功すると確信していたということになります。すると、逆もまた真なりで、聖徳太子は、では、物事を話し合い以外の方法で決めたら絶対にいけないと考えていたのではないか、という推測が成り立ちます。話し合いで決めれば必ずうまくいくということは、話し合い以外の方法で物事を決めたら失敗するということになるからです。

では、話し合い以外の方法というのは、一体何でしょうか？

話し合いというのは、複数で協議して決めるということですから、その逆は一人の人が独断で物事を決めるということです。

そこで今度は、憲法十七条の最後の条文、第十七条をご覧になってください。

この条文で言っているのは、**要するに、物事は独断で決めてはならない、「論議すべき」だということです。**

中村元氏の訳では、第一条では「話し合い」、第十七条では「論議すべき」と訳されていますが、実はどちらも原語は同じ「論（あげつらう）」という言葉が使われているのです。そしてこの「あげつらう」という言葉は、今は悪い意味として使われることが多いですが、昔は単に「みんなで話し合う」という意味の言葉でした。ですからこの第十七条は、第一条と同じく、物事は独断で決めてはいけない、必ず話し合いで決めるべきだ、と読み替えることができるのです。

憲法十七条の冒頭（第一条）と最後（第十七条）には、言い方こそ違うが同じことが書かれている。このことがわかって、私は自説が正しいことを確信しました。

なぜなら、こうした条文を書く場合、最も大切なことは冒頭か最後に書くというのが世界の常識だからです。そして聖徳太子は、冒頭と最後で、物事は話し合いで決めなければいけない、絶対に独断で決めてはいけないということを書いているからです。

ここまでくれば、聖徳太子が憲法十七条で一番言いたかったことが、**和を保つために物事は話し合いで決めなさい**、ということであることは間違いありません。

今も続く話し合い絶対主義

六〇四年に聖徳太子が制定したこの憲法十七条を、日本人は二十一世紀の今も信奉しています。

事実、外国人からすると不思議な日本人特有の慣習も、憲法十七条を正しく理解するとなぜ日本人がそうしたことを守り続けているのか理解できるようになります。

たとえば、日本の役所には（場合によっては企業にも）、稟議書《りんぎしょ》というものがありますが、海外にはこうしたものはありません。

試しに稟議という言葉を和英辞典で引くと、次のような「文章」が出てきます。

consultation via circular (in lieu of a meeting)

ちなみに稟議書は、

a circular sent around to get approval of a decision

（『プログレッシブ和英中辞典』小学館）

ぴったりの訳語がないということは、その言葉が日本以外の文明では存在しないということを示しているのです。

では、稟議書がどのようなときに用いられるのかと言うと、たとえばある役場が町民講座の講師に私を招聘《しょうへい》しようと企画したとします。そのような些末《さまつ》な案件では、普通は会議などは開きません。そのような場合に、稟議書と呼ばれる用紙が各部署に回されるのです。稟議書には最高責任者である町長あたりから、助役、部長、課長、担当者とそれぞれがハンコを押す欄があり、全員が稟議書にハンコを押さなければ、その案件は成立しません。

つまり、稟議書とは何かというと、わかりやすく言えば、関係者全員の同意を確認するための「紙の上での会議」のようなものなのです。

しかし考えてみれば、こんなもの本来は必要ないはずなのです。

確かに、町が主催する講座の場合、最高責任者は町長なのですが、町長が何もかも一人でやるわけにはいきません。だからこそ役場にはさまざまな部門が設けられ、その部門ごとに長がいるのです。したがって、この町民講座が広報部の仕事であったなら、当然、広報部長という担当責任者がいるはずですから、その人の責任で決めればいいのです。少し硬い言い方をすれば、部長は「私が町長から委嘱された権限に基づいて町民講座の講師を井沢元彦氏に決めさせていただきました。右ご報告いたします」と言って、上司には報告し、部下には井沢元彦とコンタクトを取るよう指示すればいいのです。事実、海外の役所や企業では、こうした小さな案件は担当責任者の裁量で決定・実行されるのが普通です。

しかし、日本では稟議書がないと成立しません。いったいなぜなのでしょうか?

それは、もし広報部長が一人で決めてしまったら、独断で決めたと非難されるからです。最近の若い人はわかりませんが、少し前までそういう人は「ワンマン部長」と言われ、嫌われました。なぜ嫌われるのかというと「憲法違反」をしているからです。もちろん憲法と言っても現在の日本国憲法ではありません、聖徳太子が制定した憲法十七条です。

憲法十七条の最後の条文を思い出してください。

「それ事は独り断《さだ》むべからず」でしたね。物事は独断で決めてはいけないのです。

つまり、本来はこうした些末な案件でも話し合いをして決めなければならないのですが、このような些末な案件でいちいち話し合いをしていたのでは時間がいくらあっても足りないので、紙の上で会議をしているわけです。

重要なのは、「みんなで決めた」という状態をつくり上げることなのです。みんなで決めたことは必ず正しいし、うまくいく。日本人はそう信じているので稟議書を回すわけですが、そこには現実的なデメリットが存在しています。それは、物事を決めるのにものすごく時間がかかるということです。

話し合い絶対主義が日本の民主主義を歪めている

皆さんは、日本は民主主義国家だと思っていますよね。

では、皆さんが考えている民主主義と、世界における民主主義には少し違いがあることを自覚しているでしょうか。

民主主義は本来、とてもスピーディーな制度です。

一〇〇人の内四九人が反対しても、五一人が賛成すれば、賛成多数で押し切れるからです。憲法改正のような重要な案件の場合は、三分の二の賛成を以て採択されるというように、重要度によって「多数」の提議が異なることはあっても、反対者がいても定められた基準に基づいて多数決の原理が適用されます。確かに日本でも、選挙などは多数決の原理が適用されていますが、実際の日本社会では多数決で物事が決められないのが現実です。

だいぶ前のことですが、「橋の哲学」ということを主張した政治家がいました。

これは、たった一人でもその川に橋を架けるのを反対する者がいれば、絶対に橋を架けない、というものです。

これをいわゆる左翼的な戯言だと思っている人も多いのですが、実際は違います。**なぜなら日本人は、「民主主義とはみんなで決めること」だと思っているからです。**

さらに、物事の決定を難しくしているのが、物事が決定した状態が「和」でなければならないと思っていることです。

本章のはじめの方で「和」の説明として、職場のみんなでラーメン屋に行こうとしたとき、一人がカレー屋に行こうとすると「和を乱す奴」と言われ嫌われるという話をしました。それぞれが好きなところに行けばいいじゃないか、と思うかもしれませんが、「和」を目指す場合それは許されないのです。

和は全員が同意して初めて成立するものだからです。

日本では、「最後の一人が納得するまで話し合おう」ということがよく言われます。少数派の意見を切り捨てない、という美名のもとによく言われる言葉ですが、裏を返せば反対意見を持ち続けることが許されないということでもあります。上も下も睦《むつ》まじく話し合い、「反対者を根絶すれば」物事はすべてうまくいく、ということです。

当然これは自分の考えを通していきたいという人には、非常に生きにくい世界です。

実際、その生きにくさから日本人であることをやめたノーベル賞受賞者がいることをご存じでしょうか。

次の記事をご覧ください。

真鍋淑郎氏の会見発言、英語の原文は？「同調圧力」や教育問題を明快な表現で指摘

ノーベル物理学賞受賞決定後の会見で、耳に手を当てて質問を聞く真鍋淑郎さん＝10月5日

ノーベル物理学賞を受賞することになった真鍋淑郎さんは自らの研究に集中するため、アメリカに渡り、国籍も変更した。その理由を記者会見で問われ、日本の「同調圧力」の問題について指摘し、注目を集めた。英語で語られた簡潔明瞭なスピーチについて、日本に関わる部分を原文で紹介する。（敬称略。英文は原則、発言通りに記載）

記者　日本からアメリカに国籍を変えた主な理由を教えて下さい。なぜあなたは国籍を変えたのですか？

（原文）

Can you tell me what is the main reason for you to change your nationality from Japan to the

United States? Why did you change your nationality?

真鍋　面白い質問です。日本では人々はいつも他人を邪魔しないようお互いに気遣っています。

彼らはとても調和的な関係を作っています。日本人が仲がいいのはそれが主な理由です。ほかの人のことを考え、邪魔になることをしないようにします。日本で「はい」「いいえ」と答える形の質問があるとき、「はい」は必ずしも「はい」を意味しません。「いいえ」の可能性もあります。（会場から笑い）

なぜそう言うかというと、彼らは他人の気持ちを傷つけたくないからです。だから他人を邪魔するようなことをしたくないのです。

（原文）

That's interesting question, but in Japan people always worry about not to disturb each other. You know, they have a very harmonious relationship. And this is one of the important reasons why Japanese people get along so well with each other.

You know, they keep thinking other people, don't do something which disturb other people. In the U.S., in Japan, if you ask some questions you get answer "Yes", or "No". When Japanese say "Yes", it does not necessarily mean "Yes", it could be "No". Because they don't want to hurt other people's feeling much more than anything else. And so, you don't want to do anything which is disturbing to other people.

(People　THE ASAHISHIMBUN GLOBE + 2021.10.08)

他人を邪魔しない気遣い。調和的。日本人の多くが美徳と感じるであろうこうした物事が、国籍を変え、外国に渡る理由になったと言うのです。

話し合い絶対主義のルーツ

さて、聖徳太子が制定した憲法十七条の精神が、今も日本人の中に脈々と受け継がれていることがおわかりいただけたと思いますが、日本人がこれほどまでに「和」と「話し合い」を重視するようになったのは、憲法十七条のせいなのでしょうか？

私はそうではないと思っています。

なぜなら、いくら為政者が憲法で「協調性を重んじ、何事も話し合いで決めなさい」と言ったとしても、それが日本人の感性に合わなければ、「和」も「話し合い絶対主義」もこれほどまでに日本人に浸透しなかったはずだと思うからです。

私はむしろ、聖徳太子の頃の日本社会にはすでに「和」を保つことと、そのために「話し合いが重要だ」ということが定着していたのではないかと思うのです。そして、聖徳太子は、そのことに気づいていたからこそ、自らが信仰する仏教よりも、天皇の権威よりも、「和」を尊重する憲法を制定したのではないでしょうか。

では、聖徳太子の憲法十七条がルーツでないなら、日本人の話し合い絶対主義のルーツはどこにあるのでしょう。私が見いだした答えは、「国譲り神話」でした。

ここで記憶力のいい読者は怨霊信仰のルーツもまた国譲り神話であったことに気づかれたことと思います。

怨霊信仰のところでも述べましたが、私はこの神話がそのまま真実だったとは思っていません。実際にはオオクニヌシをリーダーとする先住民族と、天孫をリーダーとする侵略民族との間に戦争があり、オオクニヌシは敗れたのだと考えています。そして、その敗者の怨霊を鎮めるために、出雲に立派な神殿を建てて神として祀ったのが怨霊信仰の始まりだと考えています。

では、怨霊信仰と和・話し合い絶対主義がどのように結びつくのでしょうか。それを知るには、国譲り神話に書かれていることを見る必要があります。

神話によれば、天孫ニニギノミコトに国を譲るよう迫られたオオクニヌシが、即答できずに二人の息子に相談したと書かれています。

最初に相談された事代主（コトシロヌシ）は、「そんなバカなことが許されるのか」と言って、船から青柴垣《あおふしがき》（海）に飛び込み、「隠れた」とされています。おそらくコトシロヌシは自害したのでしょう。次に相談された建御名方（タケミナカタ）は、武力で対抗しようとしますが、負けてしまいます。

そこでオオクニヌシは、こうなったらもはや仕方がないと、天孫に国を譲ることを承諾したというのです。

この神話のポイントは、オオクニヌシが独断で決めていないということなのです。彼は二人の息子と「話し合った」結果、いろいろあったものの、最終的には「納得して」国を譲っています。

ここでなぜ「和」に全員の合意が必要なのかという謎が解けます。それは、**納得と合意が得られなければ、怨念が残り怨霊を生み出してしまうからです。**

つまり、実際には戦争で国を奪ったのですが、大和朝廷（ヤマト政権）は建国神話を書くにあたり、この国は話し合いの結果、譲ってもらったのだと、美化、正当化することによって、自分たちの統治の正統性を人々に認めさせたのです。

アマテラスはこの直後に「この国は私の子孫が治める国と確定した」と高らかに宣言しています。なぜか、おわかりですか？

「話し合いで決めたことはすべて正しい」からです。この宣言は「天壌無窮《てんじょうむきゅう》の神勅《しんちょく》」と呼ばれ、戦前の教育では子供たちが最初に習うことでした。

国譲り神話で知られる稲佐の浜

そしてそれは同時に、話し合いによって納得した結果なら怨念が発生しないので、正統性が認められるという社会認識が、この神話がまとめられた時点においてすでに成立していたということでもあるのです。

そういう意味では、**「怨霊信仰」と「和・話し合い絶対主義」は、同じルーツを持つ日本固有の信仰だと言えるのです。**

なぜ、日本では同調圧力が強いのか。

なぜ日本では全員の同意が強く求められるのか。

宗教という視点から日本史を見直すことで、皆さんもこうした謎が初めて解けたのではないでしょうか？

第六章　「言霊」に縛られる日本人は不吉なことを口にできない

日本独特の宗教「言霊」

ここまで「穢れ忌避信仰」から派生したとも言える「怨霊信仰」「和（話し合い絶対主義）」という、日本独自の宗教についてお話ししてきましたが、もう一つ日本には、日本人を理解する上で重要な宗教があります。

それは「言霊」です。

実は、推理小説家として文筆家のキャリアをスタートさせた私が、歴史ノンフィクションに転向した記念すべき第一作が、日本人の言霊信仰についてまとめた『言霊』（祥伝社・一九九一年）という本でした。

サザンオールスターズが一九九六年に『愛の言霊』という歌をつくったこともあり、今では「言霊」を「ことだま」と読める人がかなり増えましたが、私が『言霊』という本を書いた当時は、古代文学者か神道家以外には、これを読める人があまりいませんでした。

今では言霊がどのようなものかをご存じの方も増えたと思いますが、まずはその正確な意味を辞書で確認しておきましょう。

【言霊】 こと‐だま

古代日本で、言葉に宿っていると信じられていた不思議な力。発した言葉どおりの結果を現す力があるとされた。

(「デジタル大辞泉」小学館)

要するに、言葉を発すれば、その言葉に即応して事態がその方向に動く。もっとわかりやすく言えば、明日東京で地震が起こると言えば、本当に地震が起こる、という考え方のことです。もう少し詳しく書いた百科事典を見てみましょう。

ことばに宿る霊の意。古代の日本人は、ことばに霊が宿っており、その霊のもつ力がはたらいて、ことばにあらわすことを現実に実現する、と考えていた。(以下略)

（『改訂新版　世界大百科事典』平凡社）

言語に宿ると信じられた霊妙な力。言語に霊的な力があると信ずる傾向は、未開の民族に普遍のことであるが、古代日本人は「かみこと（神言・神語）」（日本書紀、万葉集）の霊力を信ずるだけでなく、人間のことばにも善いことばは吉事を招き、不吉なことばは凶事をもたらす力があり、「こと（言）」は「こと（事）」であると考え、「敷島の大和（やまと）の国は言霊の幸（さき）はふ国」（万葉集）と信じていた。（以下略）

（『日本大百科全書〈ニッポニカ〉』小学館）

つまり、多くの人々が言霊という信仰に縛られている世界では、言葉は単なる記号ではなく、言葉とその言葉が示す実物は一体である、ということです。

これは極めて重大な法則なのですが、私が『言霊』という本にまとめて世に出すまで、多くの日本人は自分たちが言霊信仰に縛られていることはおろか、言霊というものの存在すらほとんど認知していなかったのです。

理不尽な言葉狩りによって再発見した言霊信仰

ほとんどの日本人がその存在すら忘れていた言霊信仰の存在に私が気がついたのは、今から四十年近くも前のある事件がきっかけでした。

当時私は、ＴＢＳ（当時、東京放送）で報道記者をしていました。そのとき、日本全土に、差別語追放キャンペーンという、とんでもない事件が起こったのです。これは年表にも載せるべき大事件なのですが、残念ながらそういう扱いはされていません。

具体的にはどういう事件だったかというと、たとえば「めくら」とか「びっこ」といった、ずっと使われてきた日本語を、差別的だからという理由で追放しようという運動です。

「めくら」という言葉は、いわゆる視覚障害者を指す言葉ですが、この言葉自体には、たとえば部落民を差別した「穢多《えた》」のような差別的意味はありません。文字通り、単に目の前が暗いという意味の言葉です。

しかし、日本では明らかに身体障害者に対する蔑視がありましたから、今後は「視覚障害者」と言い変えよう、ということになったのです。これだけならそれほど問題はなかったのですが、事態はそれだけに留まりませんでした。そういう言葉を使った過去の文芸作品や映画までが、すべて差別を助長するということで、上映禁止状態になってしまったのです。

その典型例が勝新太郎主演の大映映画『座頭市物語』でした。今ではテレビでもやっていますが、当時は典型的な差別作品として、放送できなくなってしまっていたのです。何がいけないのかというと、勧善懲悪の時代劇なので当然、悪人が出てくるのですが、その悪人が市のことを「ドメクラ」と罵《ののし》るシーンがあるのです。確かにひどい言葉です。もし子供がそういう言葉を使ったら、「絶対に使ってはいけないよ」と、私も叱るでしょう。

しかし、これはドラマです。ドラマ上の悪人が市に対して、「この視覚障害者」などと言うはずがありません。つまり、ある意味これは使わざるを得ない言葉だと思うのです。ドラマというのはそういうものだし、悪というものを糾弾するためにも、そのように書くことが必要だからです。

ところが、そういった理屈がまったく通らなかったのです。

差別語反対運動をしていた人たちは、いわゆる左翼と言われる人たちとかなりの部分で一致していましたが、とにかく、「絶対ダメだ」の一点張りで、こうした映画を上映禁止に追い込んだばかりか、図書館から谷崎潤一郎の『盲目物語』などの文芸作品まで、追放しようとしたのです。

そして残念ですが、そういう人間が少数派ではなく、この時代は多数派だったのです。私はこの状況を、日本文化の危機と捉えました。そこで、そういった主張に反対する人々の主張を極力電波に乗せるようにしました。幸いにも理解ある上司がいたので、今でも明確に覚えていますが、たとえば視覚障害者の人がつくった劇団が座頭市を上演するというニュースを流したりしました。

当然、例の罵倒の言葉も使うわけですが、それを実際にニュース番組で放送しました。そんなことをしたのは、日本全国でもたぶん私ぐらいだったと思います。そのとき痛切に思ったのが、なぜ日本人はこんなバカなことをするのだろう、ということでした。

彼らの言い分は、「差別語を残せば差別を助長することになる、差別をなくしたいのなら、その言葉をこの世から完全に抹殺すべきだ」というものでした。いくらなんでもそれは、私はおかしいと思いました。というのは、外国の文化を知っていたからです。

たとえば、英語圏には「love is blind／恋は盲目」という有名な歌があります。他にもまつり縫いのことを(縫い目が見えにくいので)「ブラインドステッチ」と言ったり、ラグビーには「ブラインドサイドをつく」という言葉があったりします。「blind／ブラインド」と言うのは、盲目の人のことを表すと同時に、窓の日よけも指します。

そうした言葉を使っても、差別語だなどという人は、外国にはほとんどいませんでした。厳密に言うならば、当時、カメラマン(cameraman)とかチェアマン(chairman／議長)というのは男性優先だから、カメラオペレーターとかチェアパーソン(chairperson)と言え、という運動はありました。しかし、それまで普通に使われていた言葉を、差別を助長するものだとして、徹底的に追放するなどという運動は、日本以外の国には、まったくなかったのです。

日本にしかないのであれば、それは当然、歴史固有の問題であり、それを解くカギは日本史の中にあるはずです。

私は、大学は法学部卒でしたから、そういう問題を追究したことがなかったので、職場の先輩で、東大文学部で日本史や哲学を専攻してきた人に聞いたり、日本の歴史全体について書かれた専門書などを読んだりしましたが、私の疑問に対する答えは見つかりませんでした。

そして思い至ったのが、これは宗教の問題なのではないか、ということでした。

私は昔から宗教に関心があったので、人間が不合理な考え方をする場合は、それが宗教に基づくものだということがわかっていました。

この、まるでナチスがやったような言葉狩りの背景にあるのは、日本独特の宗教感情に違いない。そう考えていった結果、私は、ついにその原因と思われるものにつき当たりました。それが「言霊」というものだったのです。

『万葉集』に見る言霊信仰

日本人が言霊を信じていたことは、『万葉集』を紐解けばわかります。

皆さんは、『万葉集』の最初の歌をご存じでしょうか？

何千首もある歌の中で、一番目の歌は、奈良時代以前の天皇である雄略《ゆうりやく》天皇が春の野に出て、そこで若菜を摘《つ》んでいる若い女性に、「わたくしはこの国の王者だ、君の名前はなんというのだ」と聞く歌です。

籠《こ》もよ　み籠持ち　堀串《ふくし》もよ　み堀（ぶ）串持ち　この岡に　菜摘ます子　家聞かな　告《の》らさね　そらみつ　大和の国は　おしなべて　我れこそ居れ　しきなべて　我れこそ座せ　我れこそば　告らめ　家をも名をも（巻1−1）

素直に解釈すれば、この歌は雄略天皇が出会った女性に「君の名前は何と言うのか」と尋ねている歌なのですが、その真意は、実は求婚なのです。なぜなら、古代において男性が女性に対し実名を問うということは、俺のものになれ、つまり、プロポーズを意味したからです。言霊の世界ではその女性の名前とその実体は同一のものだからです。

事実、昔は、女性の実名は、公にすべきものではありませんでした。イスラム教の厳しいところでは、女性はチャドルやブルカといった全身を隠す衣服をまとい、家に帰ってからでないと素顔を晒《さら》したりしませんが、昔の日本では、そうした服装の問題はなかったものの、女性の個人名は、家族以外には隠すべきものだったのです。
これが絶対の習慣であったことは、『万葉集』の他の歌を見ればわかります。

あらたまの 年の経（へ）ぬれば 今しはと ゆめよ我が背子《せこ》 我が名告《の》らすな（巻4-590）
（あなたとお付き合いしてだいぶ経ちましたけれど、どうか人前で私の名前は決して言わないでください。）
玉かぎる 岩垣淵《いわかきふち》の 隠《こも》りには 伏して死ぬとも 汝が名は告《の》らじ（巻11-2700）
（私がたとえ荒野で死ぬようなことがあっても、決して君の名前は口にはしないよ。）
思ひにし あまりにしかば すべをなみ 我れは言ひてき 忌《い》むべきものを（巻12-2947）
（あまりにあなたへの想いが強いので、本当はいけないのだけれど、私は口にしてしまった。あなたの名前を。）

つまり昔は、青春ドラマにあるように、夕日に向かって恋人の名前を叫ぶなどということは絶対にやってはいけなかったのです。それが言霊の世界の「法則」だったからです。

言霊から見えてくる卑弥呼の正体

宗教を無視している限り、歴史を正しく理解することはできない。これは私が繰り返し主張してきたことですが、ここで言霊信仰という視点から見直すことで、これまで日本史の大きな謎とされてきたものの真実が見えてくる例をご紹介しましょう。

邪馬台国の女王、卑弥呼《ひみこ》のことはご存じですね。

皆さんはこの「卑弥呼」という呼び名を、貴子さんや幸子さんのような個人名だと思っていませんか？

でも、古代の日本人が言霊信仰を持っていたことを知れば、そんなはずがないとわかるでしょう。卑弥呼は万葉時代よりさらに前の時代の人間です。そんな時代の女性が赤の他人に自分の実名を明かすことは、人前で裸になるのと同じくらい大変なことです。

実際、日本に限らず古代世界では、帝王の実名は、秘匿されるべきものだったという事実があります。これは民俗学の世界的な古典『金枝篇《きんしへん》』（ジェームズ・フレーザー著）にも書かれていますが、**なぜそうなるかと言えば、昔の人は呪術、つまり呪いの力を信じていたからです。**

そんな経験がある方は少ないでしょうが、ちょっと人に呪いをかけることを考えてみてください。ライフルで人を狙うときも、ミサイルで国を狙うときも、まずはターゲットに照準を合わせることが必要となります。闇雲に撃っても標的に当てることはできません。

では、その照準とは何でしょうか？

簡単に言えば、相手を特定すること、人で言えば氏名を明らかにすることです。言い換えれば、個人を特定しなければ呪いをかけることはできないということです。だから日本の伝統的な呪いである「丑《うし》の刻《こく》参り」では、現在は相手の特定に写真を用いますが、昔はその人間の実名を書いた名札に釘《くぎ》を打っていました。

中南米の伝統的な宗教であるブードゥー教では、蠟《ろう》でつくった人形に、呪うべき相手の爪や髪の毛を入れます。しかし、そんなものは滅多に手に入るものではありません。一番入手しやすく効果があるもの、それが相手の名前だったのですから、呪い殺すことが現実の攻撃手段として有効だと信じられている時代では、国王の名前は「軍事機密」だということになります。敵にそれを知られてしまえば、極めて危険なことになるからです。

もう一度言いますが、これが「古代世界の常識」なのです。

ということは、**卑弥呼が実名でないということは、世界の宗教常識、日本の宗教常識という二つの面から見て、絶対に間違いのない事実だということがわかります。**

では、卑弥呼という呼び名は何なのでしょう。

それを考える上で重要なのが、卑弥呼という名がどのようなシチュエーションで語られたものなのか、ということです。皆さんもご存じの通り、卑弥呼という名は中国の歴史書『三国志』の中の「魏志倭人伝」に書かれている邪馬台国の女王の名です。

つまり、中国という外国の記録に登場する呼称なのです。

考えてみてください。もしもあなたが邪馬台国の使者だったとして、中国人から、「あなたの国の女王の名前はなんと言いますか？」と聞かれたとしたら、あなたはいきなり「明子です」と答えるでしょうか？　答えませんよね。何しろ国王名が軍事機密として扱われていた時代ですから、たとえ使者であっても女王の実名を知っていたとは限りませんし、もし知っていたとしても、簡単に語るわけがないではないですか。

では、改めて「卑弥呼」とは何かと言えば、「称号」と考えるのが妥当でしょう。

称号とは、女王や総理大臣など、その人の地位を表す言葉です。

邪馬台国は、通常「ヤマタイコク」と読みますが、これも私が日本で初めて言ったことなのですが、「魏志倭人伝」が書かれた当時の中国では、「台」は「ド」と読むのです。つまり、邪馬台国は「ヤマドコク」と読むべきなのです。

ここまでくれば、「邪馬台国（ヤマドコク）」が日本でいう「大和朝廷」であることがおわかりいただけるでしょう。そして、そのヤマドコクのトップが女王卑弥呼であるということは、大和朝廷を治める天皇の祖先である太陽の女神アマテラスと結びつけて考えるのが自然です。

ということは、卑弥呼は中国人が音にわざと卑《いや》しい漢字を当てたもので、本当は「日御子（ヒミコ）」か「日巫女（ヒミコ）」だったと考えられます。

日御子にしても日巫女にしても、それはあくまでも「称号」であって「実名」ではありません。卑弥呼が古代日本の女王の実名でないことがご理解いただけたのではないでしょうか。

言霊という日本独自の信仰を知れば、そういうこともわかってくる、いや、むしろ、**宗教という視点を無視しているから、現在の日本史学ではこうしたことがわからない**ということです。

言葉と実態は一体化している

古代日本に言霊信仰があったことがおわかりいただけたところで、先ほど、私が言霊信仰に気づくきっかけとなった事件に戻りましょう。

なぜ日本人が差別語追放にあれほど熱心になったのか、という話です。

差別語一掃を主張した人たちの言い分を思い出してください。彼らの言い分は「差別語を残せば差別を助長することになる、差別をなくしたいのなら、その言葉をこの世から完全に抹殺すべきだ」というものでしたね。

でも、この言い分は、論理的に破綻しています。

なぜなら、言葉をなくせばその実態もなくなる、と言っているに等しいからです。

考えてみてください。「いじめ」という言葉を使わなければ、この世からいじめがなくなりますか？　「格差」という言葉をなくせば、この世から格差はなくなるのでしょうか？　そんなことありませんよね。

言葉がなくなれば実態もなくなるというのは、あくまでも言霊の世界の理《ことわり》に過ぎません。**言霊の世界では、言葉は単なる記号ではなく実体と一体化しているので、言葉をなくしてしまえばその実体もなくなる、**ということになります。

そのため、言霊を信仰する世界では、「禁句」や「言い換え」が頻繁に行われるようになります。現実になって欲しくないこと、嫌なこと、都合の悪いことを、言ってはいけないので、禁じたり別のいい言葉に言い換えたりするのです。

日本ではこの言い換えが古代から現在に至るまで、数限りなく行われてきました。

身近な例で言えば、結婚式などのお祝いの席で「別れる」「切れる」といった離婚をイメージさせる言葉を「忌み言葉」として使わないようにしているのもその一例ですし、受験生のいる家庭で「落ちる」「滑る」が禁句とされているのも、戦時中に「退却」という言葉が不名誉だとして「転進」という言葉が使われ、「敗戦」という言葉が嫌われ「終戦」が用いられたのも、すべて根底にあるのは言霊信仰です。

かつて私が連載していた雑誌の編集長が笑いながら、「井沢さん、我が社においては、今まで一つの雑誌も廃刊になったことはありません」と言ったことがあります。それは確かに素晴らしいことですが、そんなことが本当にあるのだろうかと疑問に思い確かめると、彼はまた笑って言いました。「すべて休刊ということになっています」

けしからんとか、詭弁《きべん》だとか思いますか？

でも、これが「言霊の国、日本」の実態なのです。

なぜ日本では「欠陥契約」が結ばれてしまうのか

問題は、日本人の多くが今も言霊信仰に縛られているのに、そのことを自覚していないということです。

たとえば、次の新聞記事をご覧ください。

> 運輸省の運輸多目的衛星「ＭＴＳＡＴ」を搭載した国産のH-Ⅱロケット8号機の打ち上げが１９９９年11月に失敗した問題で、打ち上げを行なった宇宙開発事業団（ＮＡＳＤＡ）が運輸省と気象庁を相手取り、打ち上げ費用の分担金の残額35億円の支払いを求める民事調停を、東京地裁に申し立てていたことが15日にわかった。運輸省側が打ち上げ失敗を理由に支払いを拒んだためだ。失敗時の費用負担方法などが契約書に明記されていなか

ったことも大きな原因で、第三者の司法に判断がゆだねられた。

これは、二〇〇〇年十月十六日の毎日新聞デジタル版の記事です。今から二〇年ほど前の記事なので、歴史という視点から言えば、それほど昔の話ではありません。

私はこの記事を講演などで紹介するとき、「日本の恥」という言葉を使います。

なぜ恥なのかというと、こんな失敗は日本以外の国ではおそらくあり得ないからです。そもそもなぜ揉めることになったのか、原因として指摘されているところをご覧ください。

「失敗時の費用負担方法などが契約書に明記されていなかった」

つまり、これは欠陥契約だったということです。そんな契約を結ぶなんて、少なくとも、一国の政府や一流企業では絶対にあり得ないというのが世界の常識です。しかし、日本では現実に、それもそう遠くない過去に存在したのです。

運輸省と言えば、今は国土交通省ですが、当時も今も東大法学部の牙城と言ってもいい、キャリアの集団ですし、もう一方の宇宙開発事業団は、これも日本を代表する理系エリートの集団です。そんな一流の人々が、外国ではあり得ない欠陥契約を結ぶ、それが日本の現実なのです。

では、なぜそうなったのか。

これも言霊信仰が原因なのです。

「言えば起こる」ということは、逆もまた真なりで、「言わなければ起こらない」ということになります。その結果、起こって欲しくないことは言わない、書かない、ということになるのです。

つまり、この事件は、言霊が今も日本人の心の中に生きている証なのです。

日本人は言霊を信じていたのではなく、今も信じているから、このような欠陥契約が結ばれてしまうのです。

「言えば（書けば）起こる」と信じる日本人

当然こうした問題は、日本のさまざまなところで生じます。今度はマスコミに生じたことを見てみましょう。これまでに著作の中で何度か取り上げた記事ではありますが、言霊の弊害が典型的に現れているので、ここでも紹介します。

【記者の眼　書けなかった「武力突入」】

『武力突入で解決か』――。ペルーの日本大使公邸人質事件で、政府と武装グループの話し合いが暗礁に乗り上げた三月末ごろから、武力突入を予感させる情報が耳に入っていた。

「ペルー政府、より強硬な姿勢に転換」「外国メディアの国外退去を計画」「現場周辺の住民に避難命令」「大統領が近く決断」「人質は限界」……。

これらの情報をもとに記事をいくつか書いた。しかし「近く武力突入」というトーンの記事を書くことはついにできなかった。いま思うと残念ではあるが、情報の多くが裏付けの取れないものだったことに加え、根底に「人質が危険にさらされる武力突入はできない」という考え方があった。

連日、現場の様子やフジモリ大統領の発言、保証人委員会や政府内部の動きをウオッチしていて、「突入」が一つの選択肢として存在することは常に念頭にあった。現場の記者同士でも「突入以外ない」と真剣に話していた。

事件発生直後にペルー入りして以来、ずっと現地で取材にあたり、テロ被害の悲惨さやテロに対するペルー国民の嫌悪感や軍部の強い態度を理解していたつもりだった。しかし「突入すれば人質に犠牲が出る」との見通しがあるなか、まさかこれほど派手な突入をやるとは考えられなかった。テロと無縁だった日本人の甘さのせいか「犠牲者が出るのを見たくない」との気持ちもあった。（以下略）

（「東京新聞」１９９７年4月30日付夕刊）

このペルーの日本大使公邸がゲリラに占拠された事件は一九九六年から九七年にかけての出

来事なので、若い方はご存じないかもしれません。念のために概要をご紹介しましょう。

【ペルー大使公邸占拠事件】

1996年12月17日、在外公館の最重要行事である天皇誕生日祝賀レセプションを行っていた在ペルー日本大使公邸に、覆面姿の左翼ゲリラ、トゥパク・アマル革命運動（ＭＲＴＡ）メンバー14人が侵入、ペルー政府要人や日本人現地駐在員ら600人以上を人質にとった。

その後、人質は順次解放されたが、犯人との交渉は決裂。127日後の4月22日に特殊部隊が密かに掘削を進めていたトンネルなどから進入して銃撃戦となり、ＭＲＴＡは14人全員が死亡、さらに、72人に減っていた人質のうち1人が死亡、特殊部隊員2人も犠牲となった。

突撃を指揮、成功させた日系のフジモリ大統領の決断は国際的には賞賛されたが、国内での政争には敗れ2000年に日本に亡命。最後まで人質となった青木盛久大使も、帰国後は毀誉褒貶（きよほうへん）相半ばする評価を受けた。（肩書き・名称、年齢はいずれも当時）

（時事通信社　時事ドットコム）

この事件をご記憶の人は、ちょっと思い出してみてください。あなたにとって人質解放というのは、突然ではありませんでしたか？　この事件は連日、ＮＨＫや民放が現地からの中継を行っていましたが、日本では、まもなく武力突入が行われるという報道は一切ありませんでした。それが、突然、武力突入の場面がテレビニュースに流れ、人質が解放されたのです。

つまり、この記事を書いた記者は、そうした突然の報道になってしまったことを反省したわけです。なぜもっと早く「武力突入」ということを書けなかったのだろうかと。

ここでこの記者の名誉のために申し上げておきますが、それを書かなかったのは、彼だけではありませんでした。すべての日本のマスコミがそれを書きませんでした。

しかし、現場の記者同士では「突入以外にない」と話していた、というのです。

事実、外国のマスコミ記者は突入の可能性があることを記事にしていました。つまり、現場ではすべての情報が武力突入を示しており、それが近々行われるということを予測していたにもかかわらず、日本のマスコミは（この記者だけではありません）、その事実を「書けなかった」というのです。それを反省したのが、この文章なのです。

なぜ日本のマスコミだけが「書けなかった」のでしょう。

その答えは記者の文中にあります。

答えは、「『犠牲者が出るのを見たくない』との気持ちもあった」という文章です。

犠牲者が出て欲しくないと思うのは当然です。それは、日本人に限らず、誰もが考えることです。

では、そんな当然のことをなぜ彼はわざわざ書いたのでしょう？

そうです、**「言えば（書けば）起こる」と信じていたからです。**

つまり、言霊という信仰（宗教）に影響されていたために、自分が武力突入という記事を書けば、その言霊が呼び水となって本当に武力突入が起こってしまう、そして、武力突入が実行されれば犠牲者が出るだろうから、それを見たくない自分は「書けば起こる」ので、「書けなかった」と彼は言っているのです。

言霊の世界では起こって欲しくないことは書けない

確かに、この記事は当事者である記者本人が、そのときの気持ちを正直に書いてくれたからこそ、私もこれを歴史的史料として使えるわけです。その点については、彼に感謝しなければいけませんが、問題は、日本のマスコミ人が誰一人として武力突入の可能性を記事にしなかったということは、**日本のマスコミ全体が、彼と同じように言霊信仰に縛られているということなのです。**

あなたはそんな、言霊を恐れて真実を書くことができないマスコミを信用できますか？

私もかつてマスコミ機関で働いていた人間ですから、こんなことは言いたくないのですが、あえて言います。

日本の報道は信用できません。特に、悪いことが起こるか起こらないかという予測について、日本人は正確に書くことをためらいます。

たとえば、ある記者が戦争が起こりそうな土地に行き、自分の記者としての能力を一〇〇%発揮してあらゆる情報を集めた結果、戦争以外にないと考えたとしましょう。

そのとき日本人以外の記者なら、正直に「戦争は起こるだろう」と書くでしょうが、日本人は書きません。真剣に戦争以外にはないと考えても、自分がそういう記事を書くことによって、つまり、言霊の作用によって、戦争をアシストするような気がしてしまうので、結局は「まだ戦争回避の可能性はある」などという書き方をしてしまうのです。

そんなことを言っても、これはもう何十年も昔の話ではないかとおっしゃいますか？

では、次の記事を見てください。

次に引用するのは、誰もが知っていると言っていい、日本を代表するマスコミ、朝日新聞の朝刊コラム「天声人語」（二〇一一年五月十八日付）です。

辞書によれば、〈溶ける〉とは固形物が液状になることだ。類語の〈とろける〉には、

心のしまりがなくなる／うっとりする、の意味が加わる。「ろ」が入るだけで随分まろやかだが、間違って「炉」を添えると、〈溶ける〉が牙をむく▼「メルトダウン」は軽々しく使える言葉ではなかった。なにしろ、原子炉の燃料棒が自らの熱で溶け落ちる悪夢である。燃料の損傷という軽い響きも、炉心溶融と正直に書けば、ただならぬ気配に腰が浮く▼福島の事故で、1号機のメルトダウンは津波の数時間後に始まっていたという。東京電力の当初の読みよりずっと早い。隠したなら論外、知らずにいたのならなお怖い。（以下略）

二〇一一年三月十一日の東日本大震災で、福島第一原子力発電所が多大な損傷を受けたことは皆さんご存じの通りです。問題は、1号機で炉心溶融《ろしんようゆう》、つまりメルトダウンが事故の直後から始まっていたことについての報道です。

実はこのときも、外国のマスコミは、当然メルトダウンしているだろう、という記事を書いていましたが、日本の新聞はどこも書きませんでした。疑うなら、当時の各国の新聞のバックナンバーを電子版で確認してください。

日本の新聞が書けなかった理由は、天声人語に書いてあります。

「『メルトダウン』は軽々しく使える言葉ではなかった」

つまり、その言葉を使えばメルトダウンが実際に起きてしまうので、メルトダウンと書けなかった、ということです。

実は当時、東京電力もその事実を隠していました。ところが、ついに隠しきれなくなって、このコラムが書かれた前日の五月十七日に記者会見を開いて、メルトダウンをしていました、と発表したのです。朝日新聞は、それを受けて、鬼の首を取ったように、「隠したなら論外、知らずにいたのならなお怖い。」と、まるで第三者のように東京電力を非難しているのですから、とんでもない話です。外国のマスコミは、すべてと言っていいほど、メルトダウンしているに違いない、と書いていたのに、書けなかった朝日新聞に、東京電力を非難する資格はありません。

私は現場にいなかったので、これはあくまで想像ですが、おそらく現場の記者たちは、「メルトダウンしているに違いない」と真剣に話していたことでしょう。

しかし、このときも書けなかった。

言霊の力を信じているからです。

このことについて、私の本の愛読者でもある掛谷英紀・筑波大学システム情報系准教授は、次のように述べています。


福島第一原発事故のとき、地震の翌日の記者会見で、燃料棒の溶融が起きている可能性に言及した原子力安全・保安院の審議官が、その次の日から会見に登場しなくなった。この審議官は工学部出身であるため、迅速に何が起きているかを把握できたのであるが、官邸は「炉心溶融」という言葉を発したこの審議官をすぐに担当から外してしまったのである。そうして現実から目を背けた結果、緊急時迅速放射能影響予測ネットワークシステムSPEEDIの予測情報が隠蔽されるなど、必要な対応が行われない事態を招いた。

（『学者の暴走』掛谷英紀・扶桑社新書）

では、どうすればいいのでしょう。

私はまず、**歴史教育を通じて「日本には昔から言霊という思想があり、これが多くの現象を左右してきたし、今も日本人の言動に大きな影響を及ぼしている」という事実を日本人に認識させることが重要**だと考えています。

「自分たちは言霊の影響を受けているために、起きて欲しくないことを言葉にできないのだ」ということを知っていれば、ペルーの記事を書いた記者も、天声人語を書いた記者も、もっと理性的な判断ができていたはずだと思うからです。そういう意味では、彼らも宗教を無視した歴史教育の被害者と言えるのです。

そしてもう一つ、日本のマスコミだけではなく、広く世界の報道に目を向けることです。今はさまざまな国の新聞を電子版で読むことができるので、特に若い人には、外国語力を磨いてご自分の目で世界の報道を読んでいただきたいと思います。そうすれば、いかに日本人が言霊信仰に呪縛されているかおわかりいただけることと思います。

言霊の世界では合理的な判断をした者が糾弾される

日本人は、言霊の力を信じているが故に、嫌なこと、起きて欲しくないことを言えません。ところが、危機管理とは、そういう起きて欲しくないことを事前に想定して対策を練ることなので、言霊に縛られている限り、危機管理ができなくなってしまうという問題が生じます。

たとえば、戦時下の日本では「負ける」と言えば、お前は負けることを望んでいるのか、ということになり、そんな不吉なことを言う者は非国民だと糾弾されました。

そういう社会では、賢い人は自分の発言がどのような反応をまき起こすか事前に予測できるので、たとえ負けると思っていても、それを口にしなくなります。武力突入以外にないと真剣に話していても、それを記事に書かない新聞記者のように、です。

では、そういう社会でもてはやされるのは、どのような人だと思いますか？

日本は必ず勝つ、絶対に負けることはない、と調子の良いことを言う人物でしょう。

実際、戦時下の日本はそうだったわけですが、その結果、日本はどうなりましたか？

国土は焼け野原になり、数百万人もの犠牲者が出ました。その反省は、今、活かされているでしょうか？

残念ながら、戦後八〇年近くが過ぎた今も活かされていません。

たとえば、原子力発電所を建設するにあたって、住民説明会が行われたとします。会社側に対して、住民が「原発は絶対に事故を起こすことはないのか。安全か」と聞いたら、どう答えると思いますか？

本来なら、「人間のつくるものですから、事故を起こすことはあり得ます」と答えるべきでしょう。その上で「こうした万全の危機管理を行います」というのが誠意ある対応だと私は思います。

しかし日本では、いまだにそれができていないのが現実です。

事実、東日本大震災であれだけ痛い目にあったのに、まともな訓練すらできていないのです。

大前研一さんが次のように書いています。

> 私は、2011年に起きた東日本大震災（3・11）の大津波による東京電力福島第一原発事故直後に事故原因を独自に調査・分析・検証し、二度と同様の惨事が起きないようにするための方策を『原発再稼働　最後の条件』（小学館）という本にまとめた。（中略）

同書の中では、原発の安全対策とともに万一、重大事故が起きた時のアクシデント・マネジメント（事故対応）についても俎上にあげ、電力会社、政府、地元自治体が最新情報をリアルタイム・双方向で共有し、連絡・協議を密にして迅速な意思決定ができる仕組みの構築を提案した。さらに、それを自民党の原発対策の責任者になった国会議員にもレクチャーし、実行するよう求めてきた。

ところが、彼らは「いざとなったら」という話ができない。たとえば「原発事故が起きた場合を想定して避難訓練などの予行演習をしなければならない」と提案したら、「そんなことを言ったら、お前は事故が起きると思っているのか、と地元の住民に突き上げられるから無理です」と拒否された。これはいわゆる「言霊《ことだま》」（中略）の世界であり、その壁の前で自民党の国会議員は思考停止状態に陥っているのだ。

（「ビジネス新大陸の歩き方」第681回「さらば原発――夢も矜持もない電力業界に再稼働など任せられない」「週刊ポスト」2019年12月6日号より一部抜粋）

大前研一さんは私の『言霊』という本に大変感心し、文庫版では同書の解説を書いてくれた人ですが、このように物事がわかっている人は日本人の中では極めて少数派です。

私が今危惧しているのは、現在でも大前研一さんが指摘したような「言霊の壁」に阻まれて本来行われるべき訓練が、いまだに行われていないということです。

このまま放っておけば大惨事を招きかねません。その大惨事を防ぐためには「歴史を知る者」が、「日本には言霊という信仰があり、それが多くの人間を呪縛し合理的な判断を妨げている」と声を大にして指摘することが必要です。

本来ならそれは、歴史学者の役割であるはずですが、肝心の彼らが宗教を無視し続けているので、一介の歴史家である私が声を上げ続けているのです。

少なくとも人命に関わる危機管理においては、合理的な判断に基づく言動を取ることが必要です。これができなければ、本来なら利益になる（事故が起こったら、それで助かる）はずの地元の住民の反発を恐れて避難訓練が実施できないという、おそらく日本以外の国では絶対に起こり得ない馬鹿げたことが再び起きてしまうでしょう。

日本には和歌の前の平等がある

このように言霊には、危機管理や報道、さらに軍事や外交といった政治の世界では日本人の判断を誤った方向に導いてしまう危険性を持っています。ですからそういう点においては、言霊は排除すべきものなのですが、実は良い面もあります。それを最後に申し上げておきましょう。

日本では、古くから宮中、つまり天皇御所において「歌会始」という行事が行われています。もちろん今もあります。宮内庁のホームページを見ますと、この歌会始について次のように説明してあります。

人々が集まって共通の題で歌を詠み、その歌を披講する会を「歌会」といいます。既に奈良時代に行われていたことは、「万葉集」によって知ることができます。天皇がお催しになる歌会を「歌御会《うたごかい》」といいます。宮中では年中行事としての歌会などのほかに、毎月の月次歌会《つきなみのうたかい》が催されるようにもなりました。これらの中で天皇が年の始めの歌会としてお催しになる歌御会を「歌御会始《うたごかいはじめ》」といいました。

歌御会始の起源は、必ずしも明らかではありません。鎌倉時代中期、亀山天皇の文永4年（1267年）1月15日に宮中で歌御会が行われており、『外記日記』はこれを「内裏御会始」と明記しています。以後、年の始めの歌御会として位置づけられた歌会の記録が断続的に見受けられます。このことから、歌御会始の起源は、遅くともこの時代、鎌倉時代中期まで遡ることができるものといえます。

歌御会始は、江戸時代を通じほぼ毎年催され、明治維新後も、明治2年（1869年）1月に明治天皇により即位後最初の会が開かれました。以後、改革を加えられながら今日まで連綿と続けられています。

皆さんは、日本の『万葉集』が、世界でも極めてユニークな歌集だということをご存じでしょうか。それはまさに「世界文化遺産」とも言うべき素晴らしいものなのです。

確かにギリシャ、ローマあるいは中国など、日本より文芸の伝統が古い国はあります。しかし、そうした文明の「歌集（あるいは詩集）」は、王侯貴族か天才詩人の作品を集めたものなのです。日本の『万葉集』のように、上は天皇から、下は防人《さきもり》（国境最前線の守備兵士）を務めるような庶民までが、同じ「和歌」という土俵で歌を詠み合い、その秀作が身分にかかわらず収められているようなものではありません。

このような歌集は、実は世界のどの文明圏にも存在し得なかった極めてユニークなものなのです。そして幸いなことに、そのゆかしい伝統は今も生きています。宮内庁のホームページの続きを見てみましょう。

明治7年（1874年）には一般の詠進が認められ、これまでのように皇族・貴顕・側近などだけでなく、国民も宮中の歌会に参加できるようになりました。
明治12年（1879年）には一般の詠進歌のうち特に優れたものを選歌とし、歌御会始で

> 披講されることとなりました。これは宮中の歌会始の歴史の中でも画期的な改革であり、今日の国民参加の歌会始の根幹を確立したものであります。

毎年秋に発表されるお題に基づいて、大人はもちろん、小学生でも、外国人でも、とにかく日本語で題詠した歌であれば応募することができ、それが秀作と認められれば、翌年の歌会始に招かれ、宮中で天皇陛下・皇后さまとともに和歌を詠《えい》じることができるのです。

文明史家の渡部昇一氏はこの伝統を「日本には和歌の前の平等がある」と要約されましたが、名言だと思います。

では、なぜ日本においてのみ「和歌の前の平等」が実現できたのでしょう。

それは、**誰の言葉であっても、言葉には霊力が宿っているという「言霊信仰」があったからなのです。**

つまり、「和歌の前の平等」は、言霊信仰があればこそ実現できたものなのです。

さまざまな問題を孕《はら》む言霊信仰ですが、このゆかしい伝統は守っていくべきものだと私も考えています。

第七章　「穢れ」忌避信仰が武士を誕生させた

軍事と警察を忌み嫌うのは日本だけ

私は外国の人と話をしているとき、日本の歴史はわかりにくいとよく言われます。中でも特に多いのが、第1部でも少し触れましたが、「なぜ武士は天皇家を滅ぼさなかったのか」ということです。

もっと具体的に言えば、北条義時《よしとき》が鎌倉武士団の糾合に成功し、後鳥羽《ごとば》上皇を政権の座から引きずりおろし、隠岐《おき》島へ島流しにしたとき、なぜ義時は後鳥羽上皇を殺して、自分が天皇にならなかったのか、ということです。

彼らが理解できないと言うのも無理はありません。世界ではこうしたとき、前王者を殺し、新たな王者となるのが常識だからです。

第1部でこの問題を後述するとしたのは、このことを理解するには日本固有の宗教に対する知識が必要不可欠だからです。

すでに述べた通り、日本には穢《けが》れという諸悪の根源を忌避しなければいけない、という「穢れ忌避信仰」があります。神々の中でアマテラスがなぜ尊いとされたのかと言えば、禊によってあらゆる穢れを排除した中で生まれた、最も清らかな存在だからです。

天皇家は、その最も清らかな存在であるアマテラスの子孫ですが、実はアマテラスは通常の結婚・出産によって子孫を残してはいないのです。アマテラスの子とされる五柱の男神は、「誓約／うけい」（ある事柄の吉凶や真偽を明らかにする一種の占い）によって生まれたとされているからです。

もちろんこれは神話の記述であり、アマテラスは神なので、そうしたことが可能なわけですが、問題は、神話が編纂されたとき、なぜ「出産」という通常の手段で生まれたという記述が避けられたのか、ということです。

死が穢れと考えられたことは、お話ししましたが、実は、**「死」の対極にある「生」の始まりである「出産」も、すでに述べたように出血が伴うが故に穢れと考えられていたからなのです。**

その証拠に、かつて日本では出産は母屋とは離れた「産屋《うぶや》」という別棟の建物で行われました。事実、辞書で「産屋」の説明を見ると「昔、出産のけがれを忌《い》んで、産婦を隔離するためにつくった別小屋」（デジタル大辞泉）とあります。

つまり、アマテラスが出産をしたということになると、その清らかさが穢れてしまうので、神話では誓約によって子供をもうけた、ということにしたのです。

さて、ここで質問です。もしもあなたが、このような徹底した穢れ忌避信仰を持つ天皇家に生まれ、穢れを徹底的に避けようとしたら、具体的には何を避けようとするでしょうか？

穢れの象徴は、「死」と「血」です。しかし、人である以上、身近な人の死と出産は避けられません。それ以外のことで、避けることが可能な穢れに最も関わるものといったら何でしょう？

そう、「軍事」と「警察」なのです。

軍隊は敵を殺すことによって死の穢れに触れるし、死ななかったとしても攻撃したときに返り血を浴びるなどして、血の穢れに触れる頻度も高い。警察も同じです。そもそも罪と穢れは同義語です。その罪という最も穢れたものにまみれた罪人を、捕まえたり首を斬ったりすることは、当然、穢れに触れることに他なりません。

ではこれを避けるには、どうしたらいいのでしょうか？

最も簡単な方法は、軍事と警察を自分でやらないようにすることです。もっとわかりやすく言えば、**軍事権および警察権を放棄してしまえばいいのです。**

今、「軍事権および警察権を放棄」と言いましたが、権力者がそのようなことを目指したのは、あらゆる時代のあらゆる地域においても、日本だけです。

たとえば、アメリカ合衆国と北朝鮮はまったく体制の違う国ですが、最高権力者が軍の最高司令官だということは共通しています。そして「権力者＝軍の最高司令官」は、現代の国家だけでなく、古代や中世においても常識です。時の権力者が軍事権を失えば、新たに軍事権を持った人間に殺されてしまいます。そして、その人が新しい権力者となるのです。

警察権についても同様のことが言えます。警察権を奪われれば、相手は自分を逮捕するなり、牢獄に閉じ込めるなりするからです。だから**警察権も軍事権同様、権力者は絶対に手放しません。それが世界の常識です。**

だから日本でも、奈良時代までの政権は軍事権と警察権を手放していませんでした。

平安時代、日本の軍事部門は開店休業状態だった

なぜ奈良時代までかというと、いくら軍事権が穢れているから手放したいと言っても、天皇家を滅ぼそうとする連中がいる間はできないからです。

事実、初代の神武天皇は武器を持って、逆らう人間を自らの手で殺しましたし、ヤマトタケルは、大勢の悪者（反逆者）を自分の手で退治したと記録されています。念のため解説しておきますと、「退治」というのは、斬り殺したり、殴り殺したりすることですから、当然、返り血を浴びることもあったでしょう。

神武天皇やヤマトタケルは神話だとしても、神話ではない現実の時代の中大兄皇子、つまり若き日の天智天皇も、蘇我入鹿を自分の手で斬り殺しています。

つまり、そういう連中がいる間は、いくら軍事権を手放すのが理想であっても、そうはいかなかったということです。

しかし平安時代になると、天皇は神々の中でも最も尊いアマテラスの子孫であり、それが故に天皇家の血を受け継がない者は何人たりとも天皇にはなれない、たとえ天皇を殺しても天皇に成り代わることはできない、という天皇の血統に対する絶対的な信仰が確立していきます。ここまできてやっと天皇は、軍事権を手放すことが可能になったのです。

こうして天皇は、自ら望んで軍事権と警察権を手放しました。穢れ忌避信仰を持つ天皇にとって、それらは最も持っていたくない「穢れの極致」だからです。

その穢れの極致を最初に手放したのは、平安京という都（現在の京都）をつくった桓武天皇でした。

桓武天皇の時代には、天皇が神の子孫であり、そのDNAを持たない人間は天皇になれないということがすでに常識、慣習として確立していました。しかし、同じDNAを持った者同士ならば、争いはあり得ました。実際、奈良時代には、そうした争いが起きています。

しかし、そうした争いも終わり、天皇家も一つにまとまり、天皇家に取って代わろうと考えるものもほとんどいなくなったとき、桓武天皇は歴代の天皇がやりたくてもできなかったことをしたのです。それが、軍事権の放棄でした。

具体的には、東北、関東地方を支配していた異民族「蝦夷《えみし》」を討伐するにあたり、それまでの天皇であれば自ら剣を持ち、先頭に立つところを、部下の武官に異民族を征伐する軍団の長を意味する「征夷大将軍」という肩書きと、天皇からの任命の印である「節刀《せっとう》」を授けて赴かせたのです。要するに、自分の軍事権を完全に部下に預けてしまった、ということなのです。

外国の君主は、このようなことは決してしません。中国の皇帝であれ、イギリスの国王であれ、剣を帯びているのが常識です。日本でも天皇の皇位を象徴する「三種の神器」の中には、天叢雲剣《あめのむらくものつるぎ》（草薙剣《くさなぎのつるぎ》）という剣が含まれています。

しかし、これ以降、正式には桓武天皇以降だと思いますが、天皇は人前で剣を帯びることをしなくなってしまいました。そんなものは必要ないし、持っていること自体、嫌だったのでしょう。

念のために言っておくと、このときの征夷大将軍という肩書きは、後に源頼朝が任じられた武士の棟梁（リーダー）とはまったく意味の違うものです。このときの征夷大将軍は、あくまでも朝廷の官僚機構の中で軍事部門を担当している武官に、一時的に軍事権を授けたということです。

平安貴族でもあり、武官でもある征夷大将軍と言えば、誰もが坂上田村麻呂の名前を挙げるでしょう。でも実は彼は二代目で、最初の征夷大将軍は大伴弟麻呂《おおとものおとまろ》という人物でした。しかし彼は、異民族である阿弖流爲（アテルイ）に徹底的にやられてしまい、その後、征夷大将軍に任命された坂上田村麻呂が東北征服に成功したのです。これによって、関東以北、東北地方も日本の領土となったのです。

国内の平和が広がったことで、天皇の取り巻きである平安貴族たちも、死の穢れ、血の穢れを避けるために軍事や警察に関わるのを嫌がるようになっていきました。

これがもし大陸の国家だったら大変なことです。中央の有力貴族が軍事部門を担当しなくなれば、その国は近隣諸国から攻め込まれ、あっという間に滅ぼされてしまうからです。しかし、幸か不幸か日本は島国だったため、そういうことは起きませんでした。

こうして桓武天皇に次いで、有力貴族たちも次々とそうした穢れた官職から手を引くようになっていきました。

律令制における官制

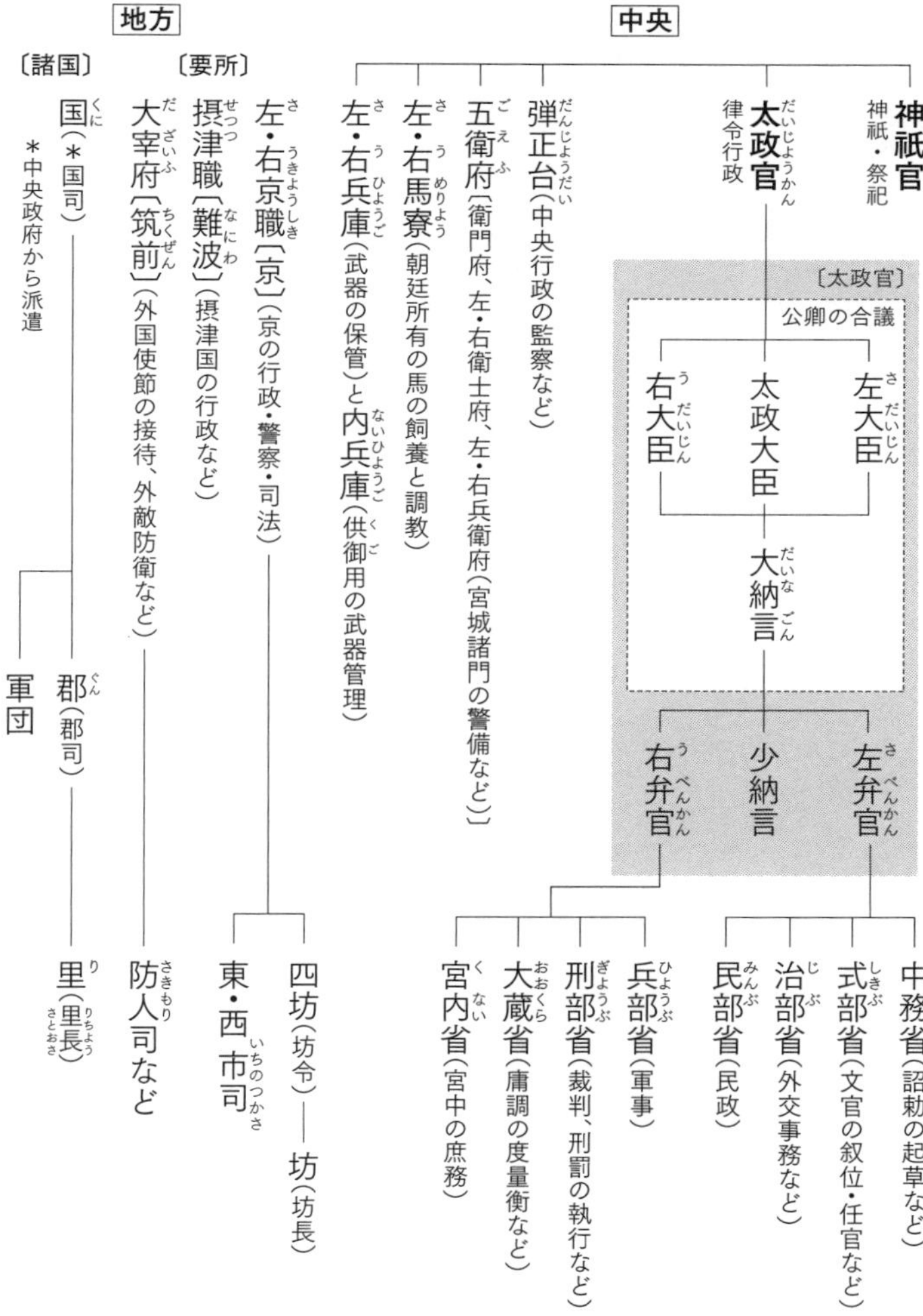
地方
中央
〔諸国〕
〔要所〕
神祇官《じんぎかん》
神祇・祭祀
太政官《だいじょうかん》
律令行政
弾正台《だんじょうだい》（中央行政の監察など）
五衛府《ごえふ》（衛門府、左・右衛士府、左・右兵衛府（宮城諸門の警備など））
左《さ》・右馬寮《うめりょう》（朝廷所有の馬の飼養と調教）
左《さ》・右兵庫《うひょうご》（武器の保管）と内兵庫《ないひょうご》（供御《くご》用の武器管理）
左《さ》・右京職《うきょうしき》〔京〕（京の行政・警察・司法）
摂津《せっつ》職〔難波《なにわ》〕（摂津国の行政など）
大宰府《だざいふ》〔筑前《ちくぜん》〕（外国使節の接待、外敵防衛など）
国《くに》（＊国司）
＊中央政府から派遣
〔太政官〕
公卿の合議
左大臣《さだいじん》
太政大臣
右大臣《うだいじん》
大納言《だいなごん》
左弁官《さべんかん》
少納言
右弁官《うべんかん》
中務省《なかつかさ》（詔勅《しょうちょく》の起草など）
式部省《しきぶ》（文官の叙位・任官など）
治部省《じぶ》（外交事務など）
民部省《みんぶ》（民政）
兵部省《ひょうぶ》（軍事）
刑部省《ぎょうぶ》（裁判、刑罰の執行など）
大蔵省《おおくら》（庸調の度量衡など）
宮内省《くない》（宮中の庶務）
四坊（坊令）
坊（坊長）
東・西市司《いちのつかさ》
防人《さきもり》司など
郡《ぐん》（郡司）
軍団
里《り》（里長《りちょう》《さとおさ》）

その結果、最初に開店休業状態に陥ったのは、律令の中で軍事部門を担当する部署、現在の防衛省にあたる「兵部省」でした。しかし、軍隊には社会的役割があるからこそ、どこの国にも存在しているのです。

軍隊の仕事とは、外敵の侵略から国を守ることと、国内の治安を維持することです。もちろん、小さな規模の治安維持であれば、警察でも十分その役割を果たすことができますが、たとえば反乱軍などが出現した場合は、軍隊でなければ鎮圧することはできません。

ですから、現在の日本にも、中にはあれは軍隊ではないという人もいますが、「自衛隊」という名前の軍隊が存在しています。

ところが、**平安時代の日本は、本当の意味で軍隊を持たない国になってしまったのです。**

「前九年の役」「後三年の役」の背景

もしも、軍隊というものがなくなってしまったら、その国はどうなると思いますか。

これも世界史の常識ですが、まず間違いなく反乱が起きます。反乱というのは、どこの国でも失敗すれば最高刑の重罪ですから滅多に行えるものではありません。それでも反乱が起きるのは、現行の支配に対する不満が溜まっていることに加え、もう一つ、極めて重要なのが、戦えば勝てる見込みがある、と思ったときです。

事実、朝廷の軍隊が開店休業状態になるとまもなく、東北で反乱が発生しました。いわゆる「前九年の役《えき》」と「後三年の役」です。

この反乱を起こしたのは、東北の安倍氏です。彼らは大和朝廷（ヤマト政権）からこの地の管理を任されていたのですが、アテルイの末裔《まつえい》だったため「俘囚長《ふしゅうのちょう》」と呼ばれ中央から虐げられていたのです。

現在の教科書ではこれらの反乱を「前九年合戦」「後三年合戦」と表記するようになっていますが、以前の高校教科書では、「前九年の役」「後三年の役」というように「役」という言葉が用いられていました。

最近はこうした書き換えが頻繁に行われていますが、長年用いられてきた歴史用語には、その言葉に込められた意味、その用語が用いられた背景があるのですから、安易に変えるべきではないと私は考えています。

というのも、この「役」という言葉には、鎌倉時代の蒙古襲来を「文永の役」、豊臣秀吉が行った朝鮮出兵（唐入り）を「慶長の役」と言うことからもわかるように、「対外戦争」という意味があるからです。

しかし、合戦には単なる戦闘という意味しかありません。つまり、「合戦」とすることで、「役」に込められていた、「征服された異民族との戦い」という歴史的事実が葬られてしまうということです。

この反乱は、長年にわたり大和朝廷と「蝦夷」（東北地方に居住していた異民族）との戦いだと解釈されていました。それはおそらく、蝦夷と呼ばれた人々が、狩猟の文化を持つ縄文人の末裔だったからでしょう。

大和朝廷に征服されるまで彼らは、稲作などもやったことがなかったと思われます。つまり、彼らにとって大和朝廷は、彼ら蝦夷の文化を無視し、まるで十六世紀のスペインのように一方的に自分たちの文化を強要するとんでもない征服者だったということです。事実、安倍とか清原という彼らの名も、名乗らされた名前でした。本来、彼らはそういう名前ではありませんでした。アテルイという名がそれを証明しています。したがって彼らは、隙あらば日本国から独立したいと考えていたはずなのです。だからこそ、彼らは反乱を起こしたのです。

そして、中央に軍隊が存在しなくなったのですから、どんな反乱を起こしても負けるはずがない、と彼らは思ったはずです。

しかし、その目論見は外れ、反乱は鎮圧されてしまいます。軍隊を持たない大和朝廷がどのようにして反乱を鎮圧したのでしょう。

反乱を鎮圧したのは、「源氏」と名乗る武士の集団でした。

武士とカウボーイの共通点

源氏は国の正式な軍隊ではありません。彼らは私的な武装集団です。

つまり、正式な軍隊を持たない朝廷が、反乱を鎮めるために武力を持っている彼らを利用したのです。

このとき朝廷は、源氏のリーダーである源頼義を、一時的に鎮守府《ちんじゅふ》将軍に任じるとともに、この辺の国司である陸奥守に任命しています。もう、なぜ武士という集団が日本に誕生したのかおわかりになったことと思います。

そうです。為政者が穢れ忌避信仰によって、本来保持すべき軍隊と警察を手放したために、人々は自分の家族や財産を守るために自ら武装するしかなかったのです。

そういう意味では、**日本の武士は、時代は一〇〇〇年ほど異なりますが、アメリカ西部開拓時代のカウボーイとよく似ています。**

カウボーイとは、日本語に直訳すれば「牛飼い」、つまり牧童です。

牧童と聞くと、静かな草原地帯での羊飼いをイメージするかもしれませんが、アメリカでは、羊より牛を飼うのがスタンダードだったので、牧童と言えば牛飼いでした。

では、その単なる牛飼いに過ぎないカウボーイが、なぜ銃を持ち、早撃ちを競ったりする人間、いわゆる「ガンマン」になったのでしょう？

それは、彼らが西部の開拓地、つまり人里離れたところで牛や馬を飼い、ひと財産稼ぐ人々だったからです。もちろん当時のアメリカにも警察はいたのですが、そういう辺境の開拓地には警察はいませんでした。そのため開拓地では警察を呼ぼうとしても保安官事務所は五〇マイル（約八〇キロメートル）も離れた場所まで行かないとない、ということも珍しくなかったのです。

要は、開拓民というのは、人里離れたところで財産を保持している人間だということです。そうなると、これも「人類の常識」なのでおわかりだと思いますが、それを力ずくで奪って、楽をして稼ごうという人間が必ず出てきます。

そこで彼らカウボーイは、自分たちの財産や家族、仲間を守るために、自らガンベルトを着け、銃やライフルに習熟するようになったというわけです。日本の武士も同じです。そもそも武士と呼ばれるようになる人々の前身は、諸説ありますが、開拓農民だからです。

中央で藤原氏が栄華を極め、官職を独占したため、本来それに対抗する存在であった元皇族の源氏や平氏は、都落ちを余儀なくされます。その行き先は、当時すでに開拓が進んでいた西日本ではなく、未開の土地が残されていた東日本でした。具体的には武蔵や陸奥などですが、そこの国司（現在の県知事のようなもの）に任命してもらい、その任期の間に田畑を開拓し、自分の財産を築いたということです。

都落ちをした先で荒れ地を開墾し、豊かな大地主となった彼らですが、新たに開墾した田畑を自分の所有地にできるのは、藤原氏などの高級貴族か大社寺だけでした。武士たちは、どんなに汗水たらして美田を開発しても、それは国土の不法改造であり、そこから得られる収入は、不当利得と見なされました。

それでも**彼らが中央から罰せられたり財産を奪われたりせずに済んだのは、中央に軍隊がなかったからです。**

とはいえ、言うなればギャングの財産のようなものですから、力ずくで横取りしようとする連中は必ず出てきます。その土地を奪っても、法律で罰せられることはないからです。その結果、武士たちの間では所領争いが当たり前という状態になりました。一生懸命の語源である「一所懸命」、つまり一つの所に命を懸けるというのも、こういうことが背景にあってのことなのです。

国が守ってくれない以上、自分たちの財産を守るためには、カウボーイのように武装するしかありません。それもただ武器を持てばいいというのではなく、それに習熟して太刀や弓の達人とならなければいけませんでした。これもカウボーイが早撃ちの名人を目指したのと基本的には同じことです。

こうして、その土地で得た財産を守るために彼らは武装し、「武士」と呼ばれる存在になっていったのです。

武士は日本にしかない宗教的副産物

やがて彼らは集団化し、武装集団「武士団」が東日本のあちこちに形成されていきました。もちろん彼らは、国家から見れば非合法の武装集団です。でも、国家に軍隊がない以上仕方ありません。朝廷は彼らに地位や役職をちらつかせ、いわば毒をもって毒を制すという形で反乱を鎮圧したのでした。しかし、武力を持った人間に下手に権力の一部を与えるのは危険なので、彼らが乱を治めると、すぐに役職を罷免して、彼らの勢力が増大しないように配慮しています。これが前九年の役、後三年の役の実態でした。

品の悪いたとえ方をすれば、ある県の県知事が、警察が立ち行かなくなったので非合法集団である広域暴力団に対して「署長にしてやる」などと餌を与えて、県の治安を守らせる、というのと同じことです。このように言えば、これがいかに危険な賭けであるかおわかりになるでしょう。だから**藤原氏は、必要なときは武士を使い、乱が治まると使い捨てにするという形をとったのです。**

こうした措置は藤原氏側から見れば当然の安全対策ですが、実際に命がけで戦った武士たちからすれば酷い話です。事実、源頼義、義家親子は、前九年・後三年の役で見事に反乱を鎮めたにもかかわらず、何の恩賞ももらえませんでした。

そのため義家は、共に戦ってくれた武士たちに自腹を切って報酬を与えています。そうしなければ、彼らの信頼を失うことになるからです。なぜ義家が後に「八幡太郎義家」と呼ばれ神格化されたのか、このエピソードからおわかりいただけたのではないでしょうか。

こうして皮肉にも、朝廷の（藤原氏の）武士団使い捨て政策は、武士団の結束を固めることにつながっていったのでした。

軍隊も警察もなくなれば、国はどうなるか。

治安が保てなくなるということが、おわかりいただけたことでしょう。

地方においては、武士団が中央から派遣された何もできない国司に代わって、治安の維持に努めるというようなこともありました。**だからこそ平将門は、地元の大親分として土地の人々の尊敬を集め、中央権力に逆らってでも、自分たちの国をつくった方がいい、という考え方をするようになったのです。**これが、平将門が反乱を起こした理由です。

このように反乱が起きれば鎮圧する中央政府も、正直に言うと、国司が税を徴収して送ってくれさえすれば、地方などどうでもいいと思っていました。だからこそ、最初は国司として赴任した平氏や源氏たちが、勝手に人民を招集して田畑をつくって私腹を肥やしても、田畑は持ち帰れないので任期が終わったのちも地方に留まり、その土地で大親分になって君臨しても、

穢ゾーンを担当した検非違使の機能

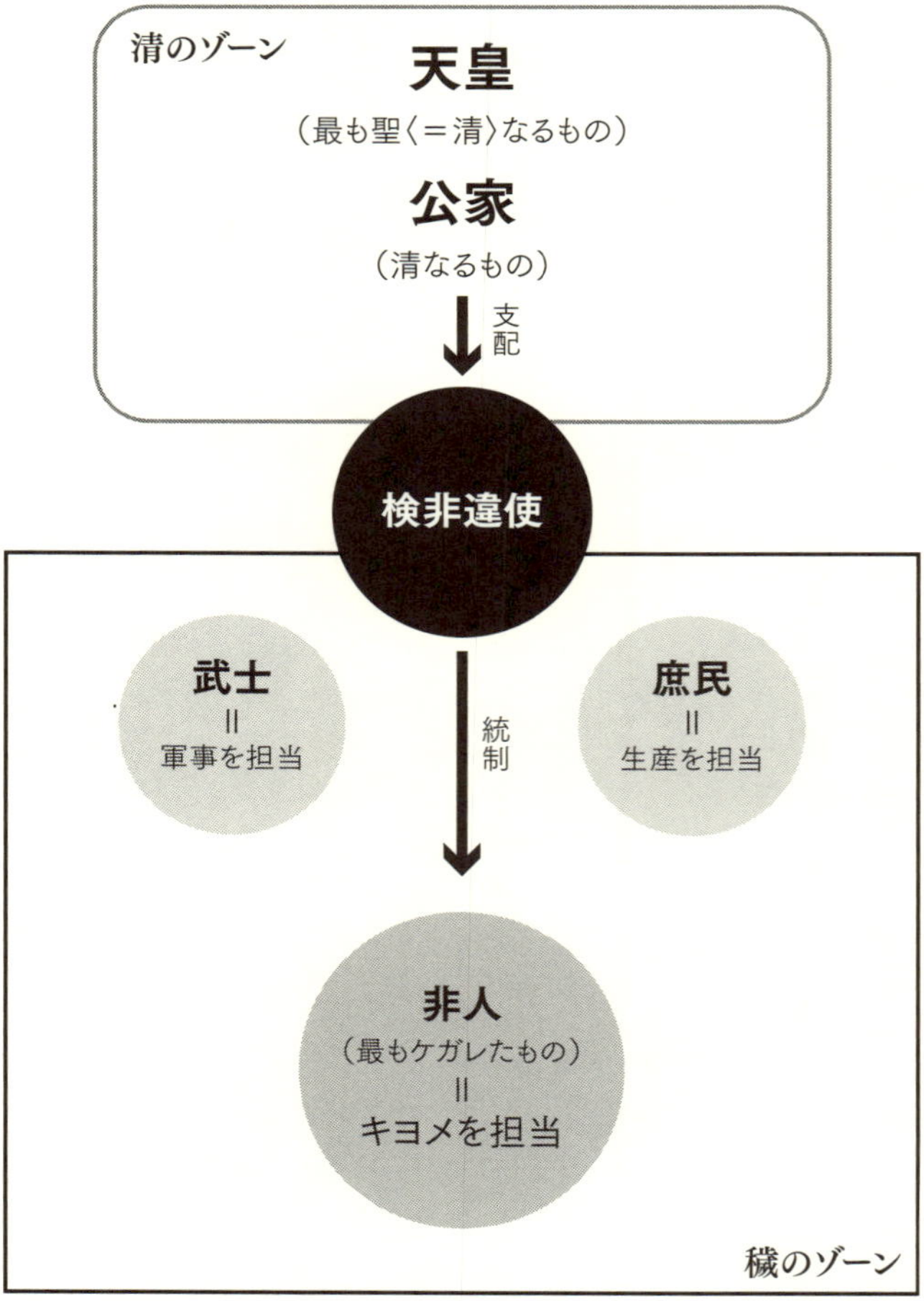

税金さえ納めていれば黙認していたのです。

そうした地方の治安はともかく、さすがの藤原氏も、自分たちが暮らす都の治安の乱れには困っていました。軍事部門を担当する兵部省だけでなく、警察部門を担当する刑部省《ぎょうぶ》も「穢れた官職」として開店休業状態だったからです。

そこで彼らが考えたのが、出世の望みは断たれたけれど、カネは欲しいと思っている中級貴族に、治安維持のために必要な穢れ仕事をやらせようということでした。

こうしてつくられたのが、征夷大将軍と同じく令外官《りょうげのかん》である「検非違使《けびいし》」でした。

少し考えればわかることですが、警察部門である刑部省が機能していれば、検非違使は必要のない官職です。事実、刑部省が機能していた中国には検非違使はありません。日本にだけ、本来なら必要のない「征夷大将軍」や「検非違使」といった令外官ができたのは、**日本にしかない穢れ忌避信仰に伴う「宗教的副産物」だったのです。**

藤原氏に対抗した院政システム

朝廷の官職を独占していた藤原氏は、武士という危険な道具を決して出世させようとはしませんでした。自分たちの権力を奪われないためです。しかしそんなとき、武士にとって、まさに救世主ともいうべき勢力が現れます。

それは、天皇位を退いた「上皇」です。

藤原氏は摂関政治によって天皇を封じ込め、その権力と財力を奪いました。

では、奪われた天皇側は何の抵抗もしなかったのかというと、そうではありません。**藤原氏の摂関政治を打ち破ったのが、上皇が行った政治、いわゆる「院政」なのです。**

「院」とは、もともとは引退した天皇の私的住まいという意味でした。御所が首相官邸であり、政治を司る場所であるのと違って、引退した元天皇、つまり上皇には、法律上は何の権限もありません。

しかし、ある頭の良い上皇が、「俺は天皇の父親だ、だから俺の言うことを聞け」と言い出しました。つまり、上皇という法律外の立場から、天皇の父であるという権威を利用して、政治に介入するということを始めたのです。

これが「院政」です。

年配の方なら、院政と聞いて田中角栄のことを思い出されたことでしょう。田中角栄は、首相在任中に、「文藝春秋」で立花隆氏による金脈追及を受け辞職。その後もロッキード事件により裁判被告ともなり、公的には一議員に過ぎない立場になりました。

ところが角栄はその後も、彼を「オヤジ」と慕う自民党の大物議員への影響力を行使することで、最大派閥の田中派を形成し、政治をコントロールしたのです。当時のマスコミは、これを「田中院政」と呼びました。院政とは、まさにそういうものなのです。
院政最大の利点は、あくまでも非公式の立場なので、藤原氏に縛られずにやりたいことができるということです。たとえば天皇の場合のスタッフは、法律で定められた公職の官吏なので、左大臣にしても右大臣にしても、藤原氏の意向を無視して天皇が勝手に有能な人材を任命することはできません。かつて宇多天皇が、菅原道真という優秀な人材を右大臣に任命したことがありましたが、彼が藤原氏の陰謀によって排除されたことはすでに述べた通りです。教科書では、次のように書かれています。

【欄外の補足説明】

901（延喜元）年、右《う》大臣の道真は大宰権帥《だざいのごんのそち》に左遷され、任地で死去した。死後、道真は怨霊《おんりょう》として恐れられるようになり、これを鎮めるために、京都には北野《きたの》天満宮《てんまんぐう》（北野神社）が、道真の墓所には太宰府天満宮がつくられた。のちに天神（菅原道真）は学問の神として広く信仰されるようになった。

（『詳説日本史』山川出版社）

教科書では欄外に載っていますが、ここは重要なところです。菅原道真が怨霊になったと信じ、鎮魂のために天神として祀りました。藤原氏は台頭してくるライバルを徹底的に潰していったのです。

しかし院は、法律に基づいて定められた存在ではないので、上皇の自由裁量によってスタッフを選ぶことができます。当然世の中には、優秀なのに藤原氏の出身でないばかりに力を発揮できずに悔しい思いをしている人々が大勢いました。そういう人間が、上皇の下でなら力を発揮できると、どんどん集まってくることになります。こうして院というのは、極めて優秀なスタッフに支えられることになったのです。

ちなみに、現役の天皇は出家すること、つまり僧侶になることはできません。しかし引退すれば自由なので、上皇が出家することがありました。そうした出家した上皇のことを「法皇」と言います。天皇の「皇」という字は、天皇の場合は「のう」と読み、上皇では「こう」、法皇になると「おう」と読むのでややこしいですが、それぞれの立場の違いを示すものと思ってください。

さて、ここでこの項のはじめに「上皇（院政）が武士の救世主になった」と言ったのを思い出してください。

なぜ上皇が武士の救世主なのかというと、院政と武士団が結びつくからです。

理由は簡単です。**正式な機関ではない院（上皇）には、権威はあってもお金がなかったからです。**一方、武士団は、農業開拓事業で築き上げた莫大な財産を持っていました。

そこで武士団は、この莫大な財産を使って、「成功《じょうごう》」ということを始めます。

成功とは、私財を費やして造宮・造寺などを行い寄付することです。

たとえば、これは実際にあったことですが、京都にある三十三間堂という有名な寺院、あれは蓮華王院《れんげおういん》と言いますが、それと同じタイプの得長寿院という巨大寺院を平家のリーダーである平忠盛（清盛の父）は、鳥羽上皇に献上しました。

本来、寺院の建立などということは、国家事業でやることです。しかし当時は、藤原氏ならともかく、国も院も皮肉なことにそんな大金は持っていません。しかし、開拓事業で莫大な富を築いていた武士団の長にはそれが可能でした。

私財をなげうち、上皇に寄進した武士には、当然褒美が与えられます。

事実、忠盛の成功を喜んだ鳥羽上皇は、当時としては破格の「褒美」を与えています。

上皇はお金を持っていないので、褒美と言っても金銭や土地ではありません。では、何を与えたのでしょう。

実は**鳥羽上皇は、忠盛に「昇殿」を許したのです。**

武士たちというのは、穢れ忌避信仰を持った天皇家や貴族たちから穢れ仕事を押しつけられた人々です。当然、彼らは血で穢れています。そのため武士は「地下人《じげにん》」と言われ、御所の庭で拝礼することはあっても、御殿に上がることは許されない身だったのです。そのタブーを鳥羽上皇は破ったということです。

ちなみに、平忠盛の一党は、「平氏」ではなく「平家」と呼びます。一般に平氏と呼ばれるのは、桓武天皇を始祖とする元皇族で、その多くは東日本に土着し、開拓地主となった人たちです。その中で一系統だけ、西日本で農業ではなく商業、それも貿易を展開して富を築き上げた人たちがいました。それを特に開拓農民である平氏と区別するために、平家と呼んだのです。

平家は、貿易で稼いだありあまる財力をもって、世界遺産にもなった厳島《いつくしま》神社をつくりました。あの水の中に浮かぶ神殿という見事な造形は、おそらく清盛の発想でしょう。その厳島神社に平家が納めた「平家納経《のうきょう》」（この時代は神仏混合で、神社にお経を納めることもありました）は、軸が宝石で、紺地に金泥を用いて経文が綴《つづ》られているという、日本を代表する国宝の一つです。これを見れば、当時の平家がいかに豊かであったかがわかります。

この平家の財力と、藤原氏からの権力奪還を目指す上皇・法皇の院政が結びついて、日本は新しい時代をつくっていくことになるのです。

武士は縄文人の末裔か

さて、ここで一度、武士のルーツについて考えておきましょう。

武士の代表とされる「平家」も「源氏」も、本を正せば臣籍降下した天皇の血を受け継ぐ人々です。つまり、彼らももともとは穢れ忌避信仰を持っていた人々と考えられます。生きるため、財産を守るためとはいえ、なぜ彼らは穢れを厭《いと》わない武士団になったのでしょう。

この背景にあるのは、私は日本にはまったく違う習慣を持った「二種類の日本人」の存在だと考えています。それは、古くから日本にいた縄文人と、大陸から渡ってきた稲作文化を持つ弥生人です。

縄文人は狩りの文化を持ち、動物を殺したり敵を殺したりすることを避けたりしません。むしろ、そうしなければ生きていけなかった人たちです。

狩猟民族である彼らは、獲物を育む森を大切にします。決して必要以上に木を伐採したり、潰したりはしません。

しかし、その後にやってきた弥生人は、稲作文化を持つ人々なので、田んぼをつくるために森を潰しました。彼らの主食は米なので基本的に動物を殺す必要はありませんし、その肉を食べる習慣もありません。つまり、森がなくなっても困らない人々だったのです。

外敵の心配がない島国の日本では、外壁(城壁)の必要もなく、生産効率のいい稲作文化(弥生人)の方が、生存に広大な森を必要とする狩猟・採集文化(縄文人)より優位な立場に発展しました。ここで重要なのは、日本では「外壁」が必要ないということです。ヨーロッパでも中国でも麦や稲を使った農耕が盛んになりますが、外敵の侵入を恐れる彼らは「外壁」で囲みます。その典型が万里の長城ですが、日本はそれが必要ありませんでした。レンガを使わなかったのと同じで日本は世界的な視点に立つと非常に特殊な国なのです。

森林は一度伐採されてしまうと、豊かな森に戻るまでに長い年月を必要とするので、森を伐採された縄文人たちは、生きるために稲作を受け入れざるを得なかったのでしょう。

大和朝廷によって討伐された地方では、中央から派遣された国司のもと、もともとは狩猟生活を送っていた縄文人たちが稲作（農耕）を行い、中央に納税するという日本国ができあがっていったのです。

こうして国内の「異民族」を支配した権力の頂点にいる天皇や取り巻きの貴族たちは、穢れ忌避信仰のもと、軍事・警察を嫌い、手放すようになるわけですが、こんなことができたのは、**日本が世界中でも稀な孤立した島国であったという、地理的要因が大きく働いているのです。だからこそ、日本では世界でも稀な、独自の宗教が生まれ、その宗教の影響を受けた独自の文化ができたのです。**そこをよく理解していないと、日本の歴史も見えてきません。

しかし、国家の中枢である大和朝廷が穢れを徹底的に忌避するようになっても、地方の人々の多くはもともと縄文人です。稲作生活を送るようになったとしても、ある程度の狩猟文化は生き残り、血を穢れとして忌み嫌わない人々もいたと考えられます。

ここまで言えば、もうおわかりでしょう。

確かに武士の棟梁と言われる「平氏」や「源氏」の家系は天皇の血統を受け継いだ人々でしたが、彼らが地方で結びついた、実際に田畑を耕していた人々は縄文の血を受け継ぐ人々なのです。

だからこそ、彼らは自分たちの生きる糧《かて》を生み出す土地を守るために、穢れを厭わず武器を取り、戦い、強い軍事力を持った武士団へと成長していくことができたのです。

中央では、権力維持に絶対必要であるはずの軍事力、警察力を無視するという、他の国では絶対に成立しえない政権が生まれ、中央政府が国の治安維持を放棄したからこそ、穢れを厭わない人々によって、地方で武士団が形成される。つまり、まったく違う習慣を持った「二種類の日本人」が日本という国にいることがわかっていないので、日本の歴史がわからなくなるのです。

特に外国人にとって、天皇や日本の貴族文化は理解不能です。

しかし、そんな外国人でも武士は理解できます。縄文人の文化を受け継いだ武士は、世界のスタンダードだからです。**自分の身は自分で守り、自分の財産は自分で守る。国家に軍事力が必要だということを当然の常識として考えている人たちです。**

だからこそ、それと同じ常識を持つアメリカ人は、日本人を褒めるとき、「あの男はサムライだ」と言うのです。「あれはまさに平安貴族だ」などという褒め方は、世界中のどこにもありません。繰り返しになりますが、そんなことを言っていたら、あっという間に生命も財産も奪われてしまうからです。

この世界のスタンダードを打ち破ったのが、天皇家は「神のＤＮＡ」を持つ家系であり、そのＤＮＡを持たないものは決して天皇にはなれないという信仰を確立させたことです。これによって、少なくとも日本人に対しては、武力をもって、天皇家を守るという必要がなくなったのです。

宗教的権威が武力を凌駕したと言ってもいいでしょう。

宗教を無視している限り、日本史を理解することは絶対にできないと言った私の言葉がご理解いただけたのではないでしょうか。

武士の地位を上げた役職とは

平忠盛は穢れた武士の身ながら、鳥羽上皇に初めて昇殿を許され、「殿上人《てんじょうびと》」になりました。殿上人というのは、一種の身分格式なので、それに伴う冠位官職をもらわねばなりません。

では、忠盛を抜擢した鳥羽上皇は、彼をどんな役職に任じたのでしょう。

鳥羽上皇は、穢れた武士の台頭を快く思わない貴族たちの空気のようなものをよくわかっていました。ですから、「あの役職なら、どうせ俺たちはやりたくないし、あの穢れた奴にはお似合いだ」と貴族連中を納得させられる役職に任じました。

もうおわかりでしょう。

そう、刑部省の長官「刑部卿《きょう》」に任じたのです。歴史はすべてつながっているのです。忠盛の任官、昇殿を機に、武士の地位は上がっていきました。忠盛は、突破口を切り開いたわけですが、その息子・清盛は、保元の乱に乗じて勢力を伸ばし、平治の乱で源氏を破り、武士の棟梁の座を手に入れ、ついには太政大臣にまで上りつめます。

さらに清盛は、自分の娘である徳子を高倉天皇に入内させ、男子が生まれるとすぐに高倉天皇を退位させて、赤ん坊を天皇にしました。安徳天皇です。

その後、清盛は平家出身の娘しか皇后（中宮）になれないようにしました。

清盛は、藤原氏が築いた政権を自分のものにすることを目指していたのですが、そのやり方は藤原摂関政治の完全な模倣に過ぎなかったのです。

そして、この目論見は、清盛の死とともに淡雪のように消えてしまいます。

この時代、すでに日本の軍事力は、完全に武士によって担われていました。そればかりではありません。**武士たちは、そもそも開拓農民であり、彼らは大地主でもありました。つまり日本は、もはや武士が動かす国になっていた**ということです。

それなのに、なぜ平家の政権はほんの数十年しか保《も》たなかったのでしょう。平家の政権が完全に固まらないうちに清盛が死んでしまったこともあるのですが、そこにはもっと重大な要因がありました。

それは、武士たちを完全に自分の味方につけることに失敗したということです。清盛もその子供たちも、それには完全に失敗しました。なぜ失敗したのかというと、**平氏ならぬ平家は、基盤産業が他の武士たちのように農業ではなく貿易だったからです。**

前にも触れましたが、平家以外の武士は、せっせと開拓に励んで田畑を増やした人たち、つまり農民なのです。しかし、いくら荒れ地を開墾しても、彼らは貴族のように、つまり墾田永年私財法の恩恵に与《あずか》れず、その土地を「正式な自分の土地」にすることができませんでした。彼らがこんな不公平はないと思うのは当然のことでした。

しかし平家の産業基盤である貿易というのは、土地所有を必要としません。そのため、農業に従事する他の武士たちが、自分の土地というものに対し、どれほど強い思いを持っているのかということが、彼らにはまったくわからなかったのです。

そんな中、ある男が武士の悲願に気づきます。そしてその男は、武士たちに「私についてくれればお前たちの望みを必ず叶えてやる。持っている土地の所有権を朝廷に認めさせる」と言ったのです。彼の目論見は見事に当たりました。武士たちは彼に味方し、その男は自らの悲願である平家打倒を成し遂げたのです。

もうお気づきだと思いますが、その男こそ源頼朝なのです。

では、平家一門が誰一人として気づかなかった、開拓農民である武士たちの悲願、つまり、自分が開拓し耕した土地を自分のものとして正式に認めてもらいたいという切なる願いに、なぜ頼朝は気づくことができたのでしょうか？

それは、武士の棟梁争いである平治の乱で源氏が平家に敗れ、清盛が敗者の息子である頼朝を伊豆に配流したからでした。

これが、京都のどこかの寺にでも幽閉されたのであれば、彼も生涯そのことに気がつかなかったと思います。武士の本場である関東に流されたからこそ、頼朝は武士の悲願に気がつくことができたのです。つまり、皮肉極まりない話ですが、**頼朝に大逆転劇を成功させたのは、実は清盛だった**とも言えるのです。

天皇を超えようと考えた武士たち

源頼朝は、平家を滅ぼし、本格的な武家政権である幕府を鎌倉に樹立します。しかし、源氏は三代しか続かず、本来はその家臣に過ぎなかった北条氏が、ちょうど天皇家を藤原氏がコントロールしたように実権を握り、「北条執権体制」が始まります。

この章の最初に述べた、武士が天皇家を滅ぼすチャンスが巡ってきたのが、北条義時のときでした。しかし、この時代には天皇は神の子孫で特別な家系であるという信仰が完全に確立していたため、他の国なら君主になれていたはずの義時ですが、天皇家を滅ぼすことはついにできませんでした。

その鎌倉幕府が滅んだのは、後醍醐《ごだいご》天皇が一時的ではあったものの、反幕府の武士たちをまとめるのに成功したからです。とはいえ、このとき足利尊氏を筆頭とした武士たちが望んでいたのは**幕府という武士による支配体制をなくすことではなく、あくまでも幕府のリニューアルでした。**そのため尊氏は、最終的には後醍醐天皇を追放して、新たな武家政権「室町幕府」を開きました。

ではそれ以降、武士の中に天皇を超えようとした人間は一人も現れなかったのでしょうか？実はいました。それが織田信長と、その後継者とも言える徳川家康です。

そして、その前にもう一人。ただ、彼の場合は、正確には天皇を超えようとしたのではなく、「天皇と対等になろうとした」と、見るべきだと思っていますが、その人物とは、室町三代将軍・足利義満です。

足利義満というのは、京都の金閣寺を建てたことで知られる将軍ですが、実は日本で武士の身ながら初めて天皇の権威に挑戦した人間として特筆すべき人物なのです。そして彼の独創的な点は、天皇の権威に対抗するために「国際的な権威」を利用しようとしたことです。

彼が利用したのは、大陸の大国「中国」の権威でした。

紀元前、中国にも戦国時代というのがあり、七つの国家が覇権を争っていました。この時代の中国における最高の身分を表す言葉は「国王」でした。つまり、七人の国王が群雄割拠し、覇権を競っていたのです。その中で天下を統一したのが「秦」という国でした。秦の国王である嬴政《えいせい》は、王をすべるものとして新たな称号を創設します。それが「皇帝」でした。つまり、始皇帝です。

これ以後、近代に至るまで、中国全土を支配する人間の称号として、この皇帝が使われることになります。そして皇帝が生まれて以降、国王というのは、大中国に臣従する周辺国家の首長を意味する称号になりました。

日本は昔から中国と深い関係を持っていましたが、白村江の戦い以前の日本は弱小国家で、卑弥呼の時代からずっと、中国へ朝貢（貢ぎ物をし、その代わりとして庇護《ひご》を受ける）し、「国王」に任じてもらっていました。

しかしその後、**国家意識を高めた日本は、国王という称号を使うのをやめ、独自に「天皇」と名乗るようになります。**これは明らかに、もはや日本は中国の臣下ではない、という対等意識の表れです。このような考えのもと実行に移したのは、東アジアでは日本だけです。

ところが、その「天皇」を超えようと思った足利義満は、中国（当時は明国）に使いを送り、「日本国王」の称号を受けたのです。

義満の行為は、せっかく先人が勝ち取った対等の立場を自ら捨て去る愚行のように見えるかもしれませんが、注意すべきは、これによって国際的には、日本の代表者は天皇ではなく日本国王の足利義満であると認められた、ということなのです。もちろん、これはあくまでも国際的な立場であって、国内では依然として天皇の方が立場は上でした。

国際的には自分が日本の支配者であると認めさせた、あとは国内の問題を解決するためである、と考えた義満が次に目論んだのは、自分の息子を天皇の跡継ぎにして、自らは天皇の父ということで上皇になろうというものでした。

実際、この計画は着々と進んでいたのですが、義満の突然の死をもって潰えてしまいます。

私は、義満は暗殺されたのだろうと考えています。

計画が未遂で潰えたのなら、なぜ義満が天皇の父「上皇」になろうとしていたと言えるのか、と思われるかもしれませんね。

実は証拠があるのです。

一つは彼が建てた金閣寺の構造に、もう一つは彼の戒名に残されています。

まず金閣寺の方からお話ししましょう。

金閣寺は、今でこそ寺として使われていますが、義満の時代においては、国賓を接待する「迎賓館」として使われていました。

三階建てのその構造は、一番下の第一層が寝殿造、その上の第二層が武家造、そして、一番上の第三層は中国風の禅宗仏殿造と、階層ごとに異なる様式となっています。

なぜ層ごとに様式を変える必要があったのでしょう。実はこれ、一言で言うなら「マウンティング」なのです。神殿造は天皇や公家が住む住宅の様式なので、第一層は朝廷を、武家造は文字通り武士の住宅の様式なので室町幕府をそれぞれ意味しています。つまり、幕府は朝廷より上だということを示しているのです。

幕府の上を示す第三層は中国風の禅宗仏殿造ですが、これが意味するのは中国皇帝ではありません。中国皇帝から認められた唯一の日本人、つまり足利義満を象徴しているのだと私は考えています。

しかもその義満を暗示する第三層の上、つまり金閣の屋根には瑞獣《ずいじゅう》「鳳凰《ほうおう》」が羽を広げています。

瑞獣とは、古代中国で理想的な君主が出現したときに、瑞兆《ずいちょう》として姿を現すとされている霊獣です。つまり、**この第三層に象徴される義満が、そういう理想的な君主だということを金閣の構造は示しているのです。**

もう一つの証拠は戒名です。

足利義満の正式な戒名は「鹿苑院天山道義」ですが、実は彼と縁の深い寺に、「太上法皇」という称号が用いられた戒名を記した位牌が存在しているのです。

なぜこのような戒名が存在しているのかというと、義満が亡くなった直後に朝廷から「太上天皇」の称号が贈られたという事実があるからなのです。結果的にはこの称号は義満の跡を継いだ四代将軍・足利義持によって辞退されているので、正式な戒名には用いられていないのですが、朝廷がこの名を亡くなった義満に贈ったのは事実です。

このことが意味しているのは、朝廷は義満の計画を知っており、あえて死後に彼が望んでいた称号を贈ったということです。本書をここまで読まれた皆さんには、なぜ朝廷がそのようなことをしたのか、説明しなくてもおわかりでしょう。

そう、**義満が怨霊化しないように、死者の大いなる希望を叶えるべく手を打った**のです。これも、日本独自の宗教という視点を持たなければ見えてこないことだと言えるでしょう。

信長が失敗し、家康が成功した自己神格化計画

足利義満が果たせなかった天皇を超えようという目論見を、より完全な形で実行しようとしたのが織田信長です。

義満は大国中国の支配者である皇帝の権威を用いて天皇を超えようとしましたが、信長のやり方はもっと根本的かつ画期的なものでした。

そもそも、天皇はなぜ尊いとされたのかを思い出してください。

神の子孫だからですよね。それもアマテラスという最も清らかで尊い神の子孫であるからです。

そんな誰もが認めている家系を超えるには、一体どうしたらいいと思いますか？

信長が考えたのは、驚くべき奇策でした。

なぜなら、彼が行ったのは、**自分以外の者が持つ権威を利用するのではなく、自らが権威となること、もっとわかりやすく言えば、自分が神になることだった**からです。

私が最初にこの説を唱えたとき、多くの歴史学者が私を異常者扱いしました。宗教という視点を持たない彼らには、天皇の尊さの理由も、そのようなことを信長がする必要性も、まったく理解できなかったからです。

信長は、おそらくこう考えたのでしょう。

神の子孫である天皇の権威を超えるには、自らが神になるしかない、と。**彼がそう考えたのは、日本が「人間が神になれる国」だったからでしょう。**

第四章で述べた菅原道真の例を思い出してください。

菅原道真は平安時代に実在した官僚です。しかしその死後、祟りをなしたと信じられたため、火雷天神、略して「天神」という神に祀り上げられました。

確かにこの点で、元人間の菅原道真は神になったと言えます。しかしこれは、道真が生前計画してやったことではありません。

私が信長の目論見が画期的だと申し上げたのは、彼以前に「自己神格化」を目指した人は一人もいなかったからです。

でも、誰も思いつかなかったことだけに、どうすればいいのか、さすがの信長にもわからなかったのだと思います。

そんな信長の試行錯誤を記録している人がいます。イエズス会の宣教師として当時日本に滞在していたルイス・フロイスです。

ルイス・フロイスの記録には、信長は自分の誕生日を「聖なる日」とした、とあります。

聖人の誕生日を祝う習慣は世界中にありますし、クリスマスや花祭りのように神仏の誕生日を祝うという習慣もあります。そういう習慣に則って、信長は自分自身を神に祀り上げようとしました。他にも、安土城を築いたとき、信長は自分の像を築き、家臣にそれを礼拝するように命じたりもしています。

しかし結果から言うと、**信長の自己神格化計画は失敗します。その最大の理由は、神学が欠**

けていたことだと私は考えています。

神学というのはキリスト教で使われる言葉ですが、簡単に言えば、イエス・キリストはなぜ神であるのか、ということを研究する学問です。神学では、イエスが人間ではない理由は明確です。イエスが十字架に磔《はりつけ》にされ殺された後、復活しているからです。人間なら復活することなど不可能です。人には不可能なことを行えたのは彼が神だからである、というわけです。

信長は、こうした多くの人を納得させる神学を確立させることができませんでした。そもそも神学が必要だということ自体、わかっていなかったのかもしれません。

しかし、そんな信長の試行錯誤を近くで見ていた徳川家康には、信長に欠けていたものが見えていたのでしょう。

徳川家康もこの時代の日本人で、しかも相当頭のいい人ですから、天皇を超えるためには神にならなければいけないという理屈は理解したはずです。それに加え、信長を見ていて、彼に欠けていたものにも気づきました。問題は、どのようにして一般大衆を納得させるだけの神学を確立させるかです。

家康が賢いのは、ここで宗教的ブレーンとも言える天海僧正を採用したことでした。宗教の問題は宗教の専門家に任せたのです。これによって家康は、見事に自己神格化に成功しました。

成功の秘密は、彼の神名を見るとわかります。

家康の神としての名前は「東照大権現《とうしょうだいごんげん》」。この「権現」というのがカギなのです。権現とは何かと言うと、人間界の不幸を救うために、仮に人間の形をとって地上に降りてきた神を意味する言葉なのです。

つまり、天海僧正は、「家康様は乱れに乱れた戦国の世で苦しむ多くの人々を救うために、仮に人間の形となって地上に降りてこられた権現様なのである。だから人間のように亡くなったのではなく、その使命を終えたので、本来の姿である神として天上の世界に帰られたのだ」という神学を構築したのです。

見事な説明です。これなら誰でも納得すると思いませんか。

実際、人々はこの神学を受け入れ、家康は神になりました。

さらにもう一つ、この神名には大きな意味が込められています。

東照大権現。私たちは通常、この神名を「トウショウ」と読んでいますが、それは本来は日本にはない音読みです。日本古来の読み方である訓読みでこれを読んでみてください。「アズマテラス」になりますよね。

もうおわかりでしょう。つまりこの東照大権現という神名は、次のように主張しているのです。

これまで日本という国は、アマテラスの子孫である天皇家が治める国であった。しかしこれからは、権現様、つまりアズマテラスが地上に降りてきたときに、人間の女性と交わって生まれた子孫である徳川将軍家が治める国となった。

だからこそ徳川家は、二百六十年も続いたのです。

徳川家康は、信長にもできなかった自己神格化に成功しました。

しかも、家康は死の直前に「自分が死んだら、日光に関八州の守護神として祀れ」と遺言しているのです。

この意味がおわかりでしょうか。

家康は、生前に自らの意志で宣言することによって神になった、ということなのです。

こんなことを試みた武士は、日本史上、信長と家康の二人だけ。そして成功したのは、家康ただ一人です。

第八章 「朱子学」という外来宗教が日本にもたらした毒

家康が天皇家以上に恐れたものとは

徳川家康は、信長にもできなかった自己神格化に成功しました。

では、本当の意味で彼は天皇を超える存在になったのかというと、そうはなっていません。そのことは、江戸幕府が鎌倉幕府や室町幕府と同じように、天皇に統治を委任された征夷大将軍という、天皇の権威を拠り所とした統治を行っていることからもわかります。

もしも、自己神格化に成功したのが信長だったら、天皇家の権威に頼るようなことは決してしなかったでしょう。

自己神格化に成功したのにもかかわらず、なぜ家康は自らの権威を拠り所とする体制を築こうとしなかったのでしょう。

それは、家康が天皇家以上に脅威を感じるものがあったからです。

では、家康は何をそれほど恐れたのでしょうか？

ひと言で言うなら「第二の信長になること」です。

もしも、本能寺の変が起きず、織田信長がもっと長く生きていたら、徳川家の天下はなかったでしょう。では、本能寺の変は誰が起こしたのか。家臣の明智光秀ですよね。

明智光秀は、もともと浪人だったところを信長に引き立てられ、大名にまで取り立ててもらった男です。つまり明智光秀にとって織田信長は大恩人なのです。

もちろん信長という人は人使いが荒く、家臣のプライドを踏みにじることなど何とも思わないという欠点はありました。それでも、恩人であることは間違いありません。

光秀は、その大恩ある信長を情け容赦なく殺したのです。

なぜ光秀がこのような行動に出たのかについて、後世の人は、光秀が信長にさまざまないじめを受けていたからだと言いますが、実はあれは後世の人の作り話なのです。そのことは、歴史学者の方々も認めています。信長が光秀をいじめていたという確かな証拠は、何一つないからです。

もちろん、あれだけのことをしたのですから、光秀にも言い分はあったでしょう。しかし、どう言い訳しても、彼のしたことは忘恩（恩知らず）の行為であることは間違いありません。

それに、実は多くの人が気づいていないのですが、**光秀よりもはるかに恩知らずなのが秀吉です。**だってそうではありませんか、秀吉は武士の身分ですらなかったのに、信長に引き立ててもらい、大大名にしてもらった人間です。それなのに信長が亡くなると、彼の子供たちを押しのけて、自分が天下人になってしまったのです。

つまり秀吉は、大恩人である織田家の天下を簒奪《さんだつ》（強奪）したのです。忘恩の徒《と》、という言葉がこれほど当てはまる人物はいないでしょう。

光秀と秀吉、この日本最大の恩知らずな二人の行いを間近で見ていたのが、同時代に生きていた徳川家康でした。

ここで、天下人となった家康の気持ちになって考えてみてください。

家康から見れば、光秀も秀吉も、あれほど信長に引き立ててもらったのに、その恩を忘れて殺したり、織田家の天下を奪ったりしたとんでもない恩知らずです。

日本という国は、何てモラルがない国だ、という嘆《なげ》きもあったでしょう。でも、それ以上に、自分が目をかけた部下たちの中からも、同じような恩知らずが出るかもしれない、という恐怖を感じたはずです。

そこで家康は、彼らのような恩知らずの人間が二度と出てこないようにする方法を考えたのです。

事実、頭の良い家康は、裏切り者を出さないよう、さまざまな策を講じています。大名の本妻と跡継ぎを江戸に住まわせるという人質政策。謀反を起こす資金をつくらせないようにするため、参勤交代や天下普請で多額のお金を使わせたり、他にも外様大名は老中になれないという決まりをつくり、江戸幕府の中枢に入れない工夫もしています。

それでも長い目で見たとき、**最も決め手になるのは「教育」だと家康は考えました。**これは大変にセンスのいい考え方です。次世代を担う子供たちに、恩知らずにならないような教育を施せば、徳川家の天下は安泰だからです。

「主君への絶対的な忠義」を説く教え

そこで彼が考えたのが、外国からモラルを導入することでした。日本にはそういうモラルがなかったからこそ、光秀や秀吉のような恩知らずが出たわけです。

現代人は、武士には「武士道」という倫理観があったのではないか、と思うかもしれませんが、現代人が考える形の武士道が確立するのは江戸中期のことです。少なくとも当時の日本に、**主君に対して絶対的に忠実であれというモラルは存在していませんでした。だからこそ、外国から輸入する必要があると考えたのです。**

では、どこから輸入するか。西欧社会はダメです。キリスト教は、ポルトガルやスペインのしていることを見ればわかる通り、侵略の論理でもあるからです。

そうなると、候補の外国は中国しかありません。

おそらく家康は、五山の僧侶に「何かいい教えはないか」と相談したのでしょう。その結果選ばれたのが「朱子学」でした。教科書にも次のような記述があります。

> 宋学を大成し、正統としての地位を得た南宋《なんそう》の朱熹《しゅき》（朱子《しゅし》）の学問（朱子学）は、のちに朝鮮や日本にも多大な影響を与えた。
>
> （『詳説世界史』山川出版社）

ここで言う多大な影響とは何でしょう。これからそれがわかるように説明していきます。

朱子学は、中国の南宋時代に、朱子（朱熹）という人物が、古くからあった儒教を徹底的にリニューアルすることによって生まれた教えでした。

儒教では、人間が備えるべき徳目として「仁・義・礼・智・忠・信・孝・悌」という八種の徳を説きますが、朱子学では、その中でも特に二つの徳目を重視しました。それが主君に忠義を尽くす「忠」と、親に忠義を尽くす「孝」です。

しかも、儒教では単に忠義を尽くすというものでしかなかったこれらの徳目が、朱子学では極限までその内容がエスカレートされ、絶対的な服従を説くものとなっていたのです。

朱子学における「忠」は、主君に絶対に逆らわないのはもちろん、たとえ主君が明らかに間違ったことをしていたとしても、主君を強く諫《いさ》めることも許されないとされました。家臣に唯一許されたのは、「殿、それはいかがなものでしょうか」と、控えめな言葉で諫言することだけでした。もちろん、その諫言を受け入れ改めるかどうかは、主君が決めることです。

家康は、この「忠」を絶対視する朱子学を子供の頃から武士に学ばせれば、徳川家に反乱を起こすなどという不心得な輩《やから》は根絶できると思い、まずは徳川譜代の武士たちの「学問」として導入しました。するとまもなく、諸大名たちもそれを見習うようになりました。どこの大名家でも「主君への絶対的な忠義」を説く教えは都合のいいものだったからです。

そうして各藩に、朱子学を教える学校ができ、武士たちの子弟は、子供の頃はまず儒教の基本である『論語』を学び、今の高校生ぐらいの年齢からは朱子学を習うようになりました。この結果、江戸時代の中頃になると、武士という武士はすべて朱子学の信奉者になり、私たちが知る「武士道」が確立されたのです。

朱子学が生み出した職業に起因する身分差別

ところが、ここで家康がまったく考えていなかった副作用ともいうべき現象が生じました。

それが士農工商です。

皆さんも「士農工商」という言葉はご存じだと思います。士農工商とは、ごく簡単に言えば、江戸時代における職能に基づく身分制のことです。

徳川家康が日本を統治するために導入した朱子学は、当初は徳川譜代の武士たちの学問として、その後、全国の武士にも広がったことで、**武士という武士は朱子学信者になり、江戸時代中期には、日本社会そのものが朱子学社会になったのでした。**

なぜ家康が朱子学を武家の学問として導入したのか、その理由を今の教科書はまったく書いていないので、士農工商を含め江戸時代特有の価値観が、なぜ次第に広まったのかわからないのです。

朱子学を導入した結果、なぜ士農工商が生まれたのか、なぜ武士の「学問」と言われている朱子学を私は「宗教」として語るのか。

順を追って説明しましょう。

そもそも士農工商の最上位にある「士」というのは、本場の中国では朱子学をマスターした人のことを意味します。勉強を重ねて朱子学という人の道に詳しくなった人間は、当然ながら何もしない人間よりも優れていると考えられました。そこで、朱子学の習熟度をテストで測り、成績の良い人間、つまり優れた人材を皇帝を補佐する官僚として採用しました。これが中国における朱子学体制です。

このテストのことを「科挙《かきょ》」と言います。

科挙に受かった人間は当然ながら、たとえ試験に受からなかったとしても、受験した者は受験すらしない人々よりもはるかに上の身分とされました。

ちなみに、朱子学をマスターした人間には学者も含まれるので、中国における「士」というのは、学者と官僚のことを意味しました。

しかし家康は、朱子学を日本に導入するにあたり、「士」とは武士のことだという、本場の中国から見たら少しおかしな概念を定着させるように工夫しました。言うまでもなく、武士の統治を正当化するためです。

その課程で、**武士は士であり、それ以外の民である農工商は武士より卑しい存在であるという「官尊民卑」の思想が日本にも定着した**のです。

では、同じ民でもなぜ農工商、つまり農民と職人と商人は身分が違うとされたのでしょうか？

実は、これは中国独特の考え方に基づいたものなのです。中国人はこう考えました。

農民は、人間にとって一番大切な食料を調達するのに必要な作業をする。職人（工）は、食料ほど大切ではないけれど、人間が社会生活を営むのに絶対に必要なもの、たとえば建物や道具、衣類などをつくる、だから彼らは農民に次いで偉い、と。今風に言えば、農民は衣食住のうちの食を担当し、職人は衣と住を担当するということでしょう。

では商人はどうか。中国人はこう考えました。商人は自分たちでは何もつくらず、他人が汗水たらしてつくったものを右から左に動かすことで金儲けをする横着な連中だ。だから商人というのは、「人間のクズ」のやる職業である、と。だからこそ商人は、民の中でも最も身分が低く、商行為は卑しい行為だと考えられるようになったのです。

商売は「人間のクズ」がやること

ちなみに、日本には本来、こういう考え方はまったくありませんでした。

日本は島国です。そのため優れたものは海の向こうからやってきます。醬油にせよ、鉄砲にせよ、ギヤマン（ガラス）の花瓶にせよ、それらをもたらすのは商人です。**日本人にとって商人というのは、海外への憧れとリンクしており、なおかつ豊かさをもたらしてくれる人たちでしたから、決して差別の対象にはならなかったのです。**

実はこのように考える国は世界では稀です。基本的に文明発達の基礎は農業だからです。そのため農業をやる人間は尊敬され、大事にされますが、商業をやる人間は、まさに中国人が考えたように、何も生産しない狡《ずる》い奴という発想で差別の対象になることが多かったのです。

たとえば、ローマ帝国に逆らって国を失ったユダヤ人などはその典型です。ユダヤ人は国土を持たないので農業ができません。その結果、商業に活路を見いだすことになるのですが、そのことがさらにユダヤ人差別に拍車をかける結果となったのです。

現在の経済学では、商人がいるからこそ、物品がより広範囲に流通し、社会は豊かになると考えますが、もともとそういう考え方をしていたのは、世界では日本人やフェニキア人ぐらいのものでした。事実、日本では織田信長が永楽銭《えいらくせん》の銭紋を旗印にしていたことからもわかるように、商売は悪いことではないと考える人の方が多かったのです。しかし、商売は卑しい行為だと考える朱子学が日本に導入された結果、日本人は商人を蔑むようになっていったのです。

朱子学では、商売は「人間のクズ」のやることだと説きます。

そうなると、そうした輩のやることを奨励して、そこから国家財政を潤沢にしようなどということは、許されざるべき発想ということになります。

たとえば、ある総理大臣が、「日本には反社会的勢力の暴力団という団体があり、かなりの収益を上げている。だから、これを公認してそこから税金をとれば、日本の財政は豊かになるだろう」と言ったら、どう思いますか？　確かにそれをやれば財政は豊かになるかもしれません。しかし、国民は大反対するでしょう。では、なぜ反対なのですか？　課税対象とすることで、彼らの悪事を正当化すべきではない、と考えるからです。

実は、これと同じような批判が江戸時代に起きたことがありました。それが「田沼時代」もしくは「田沼意次の政治」と呼ばれるものです。

江戸時代には度々財政改革が行われており、その中でも高い評価を受けているのが、いわゆる「江戸時代の三大改革」と呼ばれるものです。

江戸時代の三大改革とは、順番から言いますと、八代将軍・徳川吉宗が実行した「享保《きょうほう》の改革」、その孫で老中・松平定信が行った「寛政《かんせい》の改革」、そして最後は、老中・水野忠邦が行った「天保《てんぽう》の改革」です。この享保の改革と寛政の改革の間にあったのが、「田沼時代」です。田沼時代も、手法こそ違えど、その目指すところは三大改革と同じく財政改革であることは間違いありません。

では、なぜ田沼の政治だけ「改革」という言葉を使わないのでしょう。

答えを最初に言ってしまうと、**江戸時代の「商売蔑視の価値観」を歴史学者がそのまま踏襲してしまったからなのです。**

江戸時代、立派な政治には「治」という言葉が使われていました。そして当時、享保、寛政、天保、の財政改革は「治」と呼ばれていましたが、老中・田沼意次が主導した財政改革は悪政とされ、治と認められていませんでした。

明治になったとき、朱子学について何もわかっていない歴史学者が、「治」を「改革」と言い換え、それが今も踏襲されているため、田沼時代だけ仲間はずれとされているのです。田沼の政治が「治」と認められなかったのは、他の三大改革がすべて農業を盛んにして国を豊かにしようというものだったのに対し、田沼の政治は、商業を盛んにしてそこから税収を得ようとしたものだったからです。教科書では、次のように書かれています。

【田沼時代】

将軍徳川吉宗《よしむね》のあと、9代将軍家重《いえしげ》を経て10代将軍家治《いえはる》の時代になると、1772（安《あん》永《えい》元）年の側用人《そばようにん》から老中《ろうじゅう》となった田沼意次《たぬまおきつぐ》が十数年間にわたり実権を握った。この時代を田沼時代という。意次は再び行き詰まりだした幕府財政を再建するために、年貢増徴だけに頼らず民間の経済活動を活発にし、そこで生まれた富の一部を財源に取り込もうとした。

（『詳説日本史』山川出版社）

「幕府財政を再建する」と言っているのですから、「改革」と言ってもいいのではないでしょうか。なぜそうは言わないのでしょうか。

それは、朱子学の価値観では商売は卑しい行為だからです。その卑しい行為を盛んにして、そこから利益を得るというのは、当時の価値観では、まさに先に例を挙げた暴力団の利益に課税しようというのと同じ感覚で、**国家が絶対にやってはいけないことだ**ということになるのです。

だからこそ田沼の政治は、「治（改革）」とは評価されなかったのです。

しかし、これはあくまでも江戸時代の価値観に基づく評価ですから、現代の視点から歴史を語るのであれば、江戸時代には三つではなく四つの改革があったとするべきなのです。

その上で、三つの改革は農業を盛んにすることで財政の再建を目指すものであったが、唯一、田沼の改革は、商業を盛んにすることで財政の再建を目指したところが他の三つと違っていた、と説明しなければいけないはずです。

でもすでに述べた通り、残念ながら現在の教科書でそうした説明はなされていません。

なぜ説明できないのかというと、朱子学が実は「学問」ではなく「宗教」だからなのです。

「外国人は野蛮」という朱子学の偏見

徳川家康が朱子学を奨励したことによって、江戸時代は朱子学の時代になりました。

このことをきちんと認識していなければ、幕末の歴史を正しく理解することはできません。

というのも、日本人は朱子学という宗教を抜きにした教科書によって、次のように思い込まされているからです。

幕末の日本は開国を渋っていたが、ペリーの強引な砲艦外交によってやむなく開国させられ、不平等条約を結ばされた。

ペリーが強引だったことは事実です。しかし、ここで考えなければいけないのは、最初から不平等条約を押しつけるつもりであったのか、ということなのです。

そもそもアメリカは、なぜ日本に開国を迫ったのでしょう？

答えは、日本をアジアでの貿易拠点とするためです。

当時、世界随一の貿易大国はイギリスでした。イギリスは日本と同じく島国ですが、世界に黒船と呼ばれる蒸気船を派遣して大儲けしていたのです。世界地図を広げていただければわかりますが、イギリスの目の前の海は大西洋です。当時すでに大西洋はイギリスの縄張りになっており、ここにアメリカが食い込むことは、ほぼ不可能でした。

しかし幸いにしてアメリカは、太平洋にも面しています。

これも正確に言いますと、アメリカという国の領土は、最初は東海岸だけだったのですが、メキシコとの戦争に勝つことで西海岸側に領土を拡大しました。

幸い太平洋側は、まだどこの国の覇権も及んでいませんでした。つまり、アメリカの独壇場だったということです。

日本のことを英語で「Far East」、つまり極東と言いますが、これはイギリスから見て日本が東の果てに位置する、ということから生まれた表現です。実際、イギリスから日本へ行くには、まず、サウジアラビアなどの中東諸国を経て、西アジアからインド、さらに中国を越えなければなりません。

ところがアメリカから見ると、西海岸から太平洋を渡ったところに日本があります。つまり、**イギリスにとって日本はアジアの出口ですが、アメリカにとっては、日本はアジアの入口なのです。**しかも、その向こうには広大な中国という市場があります。

ですからアメリカは、西海岸を手に入れた頃から、日本と友好を結ぶことを願っていました。だからこそ、土佐の漁師・万次郎が暴風で太平洋に押し出され、アメリカの捕鯨船の船長に救われたときも、アメリカで教育を受けることができたのです。これは当時のアメリカでは破格の待遇でした。なぜなら当時、黒人は奴隷でしたし、我々と外見のよく似たネイティブ・アメリカンは差別を受けていたからです。そうした中、なぜ万次郎が優遇されたのか、ということを考えなければいけません。

アメリカは、日本との友好を求めていたのです。

そもそもアメリカという国は、イギリスの乱暴な植民地支配に怒って独立した国です。ですから当初は、不平等条約などということは、考えてもいませんでした。貿易はイギリスのような乱暴なやり方をせず、公平にやってもかなり儲かるものだからです。それに、日本と交渉を進めていくうちに、日本には生糸など魅力的な物産が数多くあることもわかってきました。だからアメリカは、最初の段階では極めて丁重にアプローチしてきたのです。

また、これも誤解している人が多いのですが、最初に日本に交渉に来たのはペリーではありません。アメリカ東インド艦隊司令長官ジェームズ・ビッドル提督でした。ビッドル提督は大統領から、日本と友好親善関係を結ぶのが目的だからくれぐれも乱暴なことはするな、という命令を受けていました。

ところが日本は、朱子学の持つ偏見から、外国人は野蛮だという考え方に染まっていました。そのため、ビッドル提督一行を直ちに追い返そうとしてしまいます。さらに、これには命令系統の問題もあったのですが、なんと日本の武士がビッドル提督を突き飛ばすという、極めて傲慢無礼なことをしてしまいました。それにもかかわらず、ビッドル提督は、日本側の無礼を胸に収めて帰りました。大統領の命令があったからです。

もしこれがイギリスだったら、待っていましたとばかりに大砲を撃ちかけ、不平等条約を結ばせたことでしょう。アメリカがそうしなかったのは、話し合えば必ず日本と友好関係を築けると思ったからでした。

しかし日本は、あまりにも頑なに開国を拒み続けました。**日本が拒み続けた理由、それこそが朱子学のもたらした歪んだ価値観だったのです。**

まず問題だったのは、アメリカが求めてきたのが「通商」、つまり貿易だったということです。貿易というのは、国と国とが行う商売です。

すでに述べた通り、朱子学では商売を「人間のクズ」のやることだと説いていました。そんな卑しいことを、武士が、ましてや武士の総帥である幕府が行うことなどできるはずがないのです。だからこそ、幕府は頑なにアメリカと通商条約を結ぶことを拒み続けたのです。

学者にはわからない「鎖国政策」の意味

そしてもう一つ、拒んだ理由があります。

それは、**幕府が鎖国を死守すべき「祖法《そほう》」だと考えていたからです。**

実は当時、頑なに開国を拒む日本に、ありがたい忠告をしてくれる国がありました。それは日本と国交のあった数少ない国の一つ、オランダです。

オランダ国王は、アヘン戦争などでイギリスが乱暴なやり方で清国を痛めつけたのを見ていました。そこで、日本との長い友好関係に鑑み、日本の幕府に対して「開国勧告書」を送ってきたのです。これは非常に丁重なもので、野蛮なところは一つもありません。言葉づかいも丁重に、世界の情勢を説き、このまま外国人を排除する攘夷政策をとっていると、危険であるし、国のためにもならない、だから開国した方がいい、というありがたい忠告でした。しかし幕府は、けんもほろろにこれを断りました。

でも、このとき幕府が何を理由に断ったのか、知る日本人は多くありません。なぜなら、教科書に「オランダ国王の開国勧告」は載っていても、幕府の回答書の中身は載っていないからです。

私が紹介しましょう。

去歳（天保15年＝１８４４）七月、貴国（オランダ）の船が国王（ウィレム二世）の親書を携えて、肥前国長崎港に来航しました。伊沢美作守（政義）が国書を受け取り、江戸幕府へと持ってまいりました。貴国王とは二百年もの通商がありましたので、わが国の悪いところをご存知で、多くのご忠告をいただきましたことは感謝するばかりです。

しかし、今はそれには及ばないところです。わが祖（徳川家康）は開幕の際、海外諸国とは通信（国書を交わすこと）も貿易も行なっておりませんでした。後になって、通信を行なう国々、通商（貿易）を行なう国々を定めております。つまり、通信は朝鮮国と琉球国に限っており、通商は貴国と中国とのみ行なっております。このほかには、新たに交通を結んでいる国はありません。貴国とわが国との関係は、これまで通商はございましたが、通信はございませんでした。

この度、親書を遣わしたことは、わが国の祖法《そほう》（鎖国政策）に違反するところになります。そのことを国王にお伝えする所存です。わが国の祖法は、厳密に守られているのです。この祖法は、子々孫々に至るまで、長く守られるべきものなのです。失礼ながら、以後、こうした親書はご遠慮いただきたく存じます。ただし、貴国との通商に関しましては約定に従い、これまでどおり続けていく所存です。

国王の忠言を耳にした我が主（将軍）は、大変深い感銘を受けております。十分に意を尽くせませんが、そのような経緯がございますので、どうかご了承のほどをお願い申しあげる次第です。

弘化二年乙巳六月朔日

日本国老中

阿部伊勢守正弘〔印〕
牧野備前守忠雅〔印〕
青山下野守忠良〔印〕
戸田山城守忠温〔印〕

原文は『シーボルト』（板沢武雄・吉川弘文館）など専門書には載っていますが、なぜこんな重大な回答書を歴史学者は教科書に載せないのでしょうか。

私は、次のような質問が来ることを恐れてのことではないかと思っています。

「祖法とは何ですか？」という質問です。

宗教を無視する歴史学者は、これに答えられません。だから載せていないのだと私は思うのですが、皆さんはどう思われるでしょうか。

朱子学は国をも滅ぼす宗教である

幕末の日本は、なぜこれほどまでに「祖法」にこだわったのでしょうか？

「祖法」とは、わかりやすく言えば「先祖の決めたルール」ということです。それを国の存亡を懸けてまで守ろうとしたのは、**朱子学が先祖に対し、極端な孝行を強《し》いる教えだったからなのです。**

朱子学がもともと儒教を極端に厳しくしたものであり、特に「忠」と「孝」を重視したということはすでにお話しした通りです。では、その柱とする二つの徳目、忠と孝で、どちらかを選択しなければならなくなったときは、どうすればいいのでしょう。

朱子学では孝を優先させよ、と説いているのです。

では、朱子学の「孝」とは具体的にどのようなことを指すのか見てみましょう。

中国には「孝」、つまり親孝行を貫いた者を意味する「孝子」という言葉があります。その孝子たちの物語を集めた『二十四孝』という本の中から、中国史上最高の孝子とされた郭巨《かくきょ》（姓は郭、名は巨）という人物のエピソードを紹介します。

郭巨は二十四孝の一人にして後漢の人なり。家貧にして老母を養ふ、やがて夫婦の間に一子を生む、三歳、老母其食を減じて之に与ふるや、巨即ち妻に謂って曰く、貧乏供給する能わず、汝と共に子を埋めん、子再びあるべし、母再びあるべからず、妻亦之を賛し、巨出でて之を実行せんと坑を掘る、二尺余にして忽ち黄金の一釜を掘り出せり、実に天至孝に感じて之を授けたるなりという。釜上左の文字ありという。「天賜孝子郭巨、官不得奪人不得取」亦和漢画家の題材なり。

（『画題辞典』斎藤隆三・国書刊行会）

郭巨の家族は老母、そして妻と自分の子供の四人。家は貧しく、食糧が足らずどうしても四人全員を養えません。ついに誰か一人を「口減らし」しなければならないところまで追い込まれます。そのとき、郭巨が口減らしに選んだのは、自分の子でした。その理由を郭巨は次のように語っています。

「子再びあるべし、母再びあるべからず」

子供はまたつくれるが、親は掛け替えがないということです。もちろん子供の命は惜しい、妻は夫の言葉に泣いたかもしれませんが、最終的には賛同します。

そうしていざ子供を埋めようとしたとき、奇跡が起きます。子供を埋めるために掘っていた穴から、黄金の釜が出てきて、家族は救われるのです。

この本では、それは郭巨の孝心をめでた天からの贈り物だと物語をハッピーエンドで締めくくっていますが、問題は、我が子を犠牲にする選択をした郭巨を「孝子」として天が褒めたとしていることです。

朱子学における親孝行の「孝」というのは、これほどまでに極端なものなのです。

なぜこれほどまでに「孝」を重視するのかというと、これが宗教だからです。

朱子学のもととなった儒教は、春秋時代の思想家・孔子が説いた「人倫の道」です。孔子は「怪力乱神《かいりょくらんしん》を語らず」（怪しげなことや不確かなことは口にしない）として、神の存在を否定しました。そのため一般的には儒教は哲学であって宗教ではないと言われているのですが、私は儒教の本質は宗教だと考えています。

哲学とは、人間がいかに生きていくべきかということを、合理的かつ論理的に考える学問ですが、儒教は合理的でも論理的でもありません。すでに述べてきたことからもわかるように、儒教はさまざまな不合理に満ちています。その儒教を極端にした朱子学はなおさらです。

朱子学が異常とも言える親孝行を推奨したのも、本を正せば、儒教という宗教が神の存在を否定したことに端を発しているのです。

なぜなら、神の存在を否定すると、ある問題が生じるからです。

それは、善悪の基準をどこにおくか、ということです。

多くの人は、自分の信じる神の教えを善悪の判断基準とします。善悪の基準を持たなければ、人間も獣と変わらなくなってしまうので、人が人であるためには、善悪の基準がどうしても必要なのです。

では、神の存在を信じない儒教の徒は、何をもって善悪の基準としたのか。

それが「親孝行」だったのです。獣は親孝行などしません。だから、「孝」を忘れた人間は獣にも等しい、というのが儒教の考え方なのです。

こうした儒教の考え方を極端にした朱子学では、**親を尊重するあまり、親の決めたルールは、その先祖の決めたルールでもあるから、みだりに変えるべきではない、と考えるようになりました。これが幕末の日本が「祖法」を守ることにこだわった理由です。**

にわかには信じられないかもしれませんが、本当です。

嘘だと思うなら、なぜ幕末になっても日本の兵器が戦国時代のままだったのかを考えてみてください。実はこれも祖法を厳守した結果なのです。

江戸時代は約二百六十年もあったのに、鉄砲は火縄銃のままだし、大砲も青銅製で、砲身は分厚く、弾丸は小さく、射程距離も短いまま、戦国時代から何も進化していません。一方西洋諸国の兵器は、大砲は鋼鉄で、弾丸は遠くまで飛ぶよう改良された上、中に火薬を仕込んだ炸裂弾が使用されていました。日本製の鉄砲や大砲では、絶対に西欧列強には勝てないほどの大差がそこにはありました。

戦国時代には大名たちは争って鉄砲を採用したのに、幕末の日本では薩英戦争や下関戦争で実際に欧米列強軍と戦い、ボコボコにやられるまでは、西郷隆盛や高杉晋作がどれほど「近代化しなければダメだ」と言っても応じようとはしませんでした。

なぜなら、先祖が火縄銃を用いていたからです。

先祖のルールが絶対だということは、このように、先祖が火縄銃で良いとしたならば、たとえライフル銃がいかに優れていたとしても簡単に飛びついてはいけない、ということなのです。

これが朱子学の影響に他ならないことは、朱子学の本場である中国や朝鮮を見れば明らかです。中国清王朝は最後まで近代化を拒否して滅び、朝鮮は日本に併合されました。これもすべて朱子学という宗教に毒された結果なのです。

朱子学の呪縛から解放した二人の天才

実は、幕府には、アメリカだけでなく、ロシアとも対等な友好関係を築くチャンスが存在していました。

のちに日本と戦うことになるロシア帝国も、最初の頃は非常に友好的だったからです。大黒屋光太夫《だいこくやこうだゆう》や高田屋嘉兵衛《たかだやかへえ》のことを思い出してください。彼らは漂流民です。命を救われたとき、奴隷にされたり殺されたりしていても、当時の常識ではおかしくない立場でした。にもかかわらず、大黒屋光太夫はジョン万次郎と同じように教育まで施してもらい、エカテリーナ二世に謁見するという名誉まで得ています。

これもアメリカの場合と同じです。ロシアも日本と友好関係を結びたいと思っていたのです。ロシアの場合、貿易を行いたいということもありましたが、最大の目的はシベリア開発のために冬でも凍らない不凍港を獲得することでした。シベリアが資源の宝庫であることはわかっていたのですが、冬の寒さは厳しく、なかなか開発できないというのがロシアの長年の悩みでした。でも、日本と友好関係を築ければ、日本の不凍港を起点としてシベリアの開発ができる。ロシアはそう考えたのです。

しかし日本は、アメリカのときと同じ理由で、ロシアから差し伸べられた手も振り払ってしまいます。

朱子学のもたらした外国人は劣等だという傲慢な思い込みと、商売に対する蔑視。そして祖法は何を犠牲にしても墨守《ぼくしゅ》しなければならないという呪縛。それらが結局、幕府を滅ぼし、相手国を怒らせ、その後の日本を徹底的に苦しめることになる不平等条約を結ばざるを得ない状況へ追い込むことになったのです。

アメリカもロシアも最初から強引に脅してきたわけではないのです。どれほど友好的に接しても、日本があまりにも頑なだったので、力ずくでやるしかないということになったのです。そんな頑なな日本が、なぜ明治維新後、アジアの中でいち早く民主主義になることができたのでしょう。

第一の理由は、**天皇を絶対化して、「平等化推進体」にしたからです。**

平等化推進体というのは、私の造語ですが、簡単に言えば、西洋の絶対神と同じく、その前では人間はすべて平等になるという、民主主義の基盤をつくる思想あるいは存在のことです。「アメリカ独立宣言」には、「すべての人間は神によって平等につくられ一定の譲り渡すことのできない権利をあたえられている」とありますが、こうした「神」に相当する平等化推進体がないと民主主義は機能しません。

朱子学の本場である中国や朝鮮では、皇帝を「天子」といって、天から任命された特別な人間とし、それを補佐する官僚とともに民衆とは隔絶した存在と考えました。しかも官僚は「選ばれた人間」なので、絶対に「一人一票」にはならないのです。

そういう意味では、吉田松陰が天皇を絶対的な存在とし、その前ではすべて平等であるという形をつくり上げたことは、中国ではあり得ない改革であり、だからこそ中国ではいまだに実現できない民主主義が日本ではいち早く成立したのです。

同時に日本では、民主主義と裏腹の関係にある資本主義も成立していますが、これにはある一人の日本人の存在が大きく関与していることは、あまり語られていないように思います。

明治初期、資本主義を日本に定着させるのには、大変な苦労を伴いました。

その理由は、もうおわかりだと思いますが、日本の指導者階級である武士たちが、長い間の朱子学教育によって、商売、つまり経済活動は「人間のクズ」がする卑しい行為だと思い込んでいたからです。

では、なぜ、そんな反資本主義的環境の中で、資本主義を発達させることができたのでしょう。

それは、**吉田松陰が朱子学を変革して民主主義を誕生させたように、朱子学を変革して資本主義を発展させた、天才がいたからです。**

その人の名前は、渋沢栄一です。

二〇二四年発行の新一万円札の顔となることが決まり、大河ドラマ『青天を衝け』の主役として取り上げられたことで知名度が高まった渋沢栄一ですが、彼の功績は、そういう意味では皆さんが考えているよりはるかに大きいのです。

発足当初の明治政府において、貿易立国を目指さなければいけないのに、勝海舟などの少数派以外、ほとんどの閣僚が「新しい天子様の政府は、そのような卑しいことには手を染めるべきではない」と主張したとき、渋沢栄一は次のように言いました。

この孔子の教旨を世に誤り伝えたものは、宋朝の朱子であった。孔子は貨殖富貴を卑しんだもののように解釈を下し、貨殖の道を志し富貴を得る者をついに不義者にしてしまった。

（『渋沢百訓』角川ソフィア文庫より一部抜粋）

おわかりですね。そもそも儒教の祖である孔子は、商売蔑視なんて言っていない、それは朱子の始めた偏見だ、と言ったのです。

これは大変優れた一手でした。

なぜなら、今風に言えば、儒教論語は初等教育に相当するのに対し、朱子学は高等教育にあたるからです。高等教育を受けていない人でも、論語は読んでいるということです。そうした中で、「論語をよく読んでみろ、孔子は、商売は卑しいことだなどと一言も言っていないぞ」という説得は、大変効果があったのです。

だからこそ渋沢栄一の主著は、『論語と算盤』なのです。

つまり渋沢栄一は、人々が江戸時代を通じて信じてきた朱子学そのものを否定するのではなく、**儒教という健全な宗教に回帰させることで、朱子学の歪《ゆが》んだ価値観という呪縛から日本人を解き放ったのです。**

なぜアジアの中で日本だけが近代化に成功したのか。その謎も、宗教という視点を持たない今の歴史教科書では理解できない理由がおわかりいただけたのではないでしょうか。

終章　歴史をいかに読み解くか

「安土宗論《あづちしゅうろん》」にまつわる誤解

本書で私は、日本の歴史教育に欠けている二つの重要な視点、「比較」と「宗教」について述べてきました。

しかし、日本の歴史学に欠けているのは、この二つだけではありません。

私が、なぜ「日本の歴史学はダメだ」と言い続けているのか。それは、日本の歴史学者と言われる方々の中に、当たり前にするべきことをしていない人たちが多くいると考えているからです。もちろん、すべての学者がそうだと言っているわけではありません。誠実な研究者もいるのですが、権力を持っている方の中に、不誠実な方がいることを、私は身をもって感じているからこそ、このままではいけない、と言い続けてきたのです。

最後に、そうした例をいくつか述べたいと思います。

比叡山焼き討ちと並んで、もう一つ、信長を「宗教弾圧者」にしてしまった、歴史学者による大きな誤解があります。それは、安土宗論にまつわる誤解です。

信長が安土を本拠としていた時代の一五七九年（天正七年）、後に安土宗論と呼ばれる事件がありました。その概要を歴史学者で織田信長の専門家（日本歴史学界のそうそうたるメンバーが選ばれて筆者となる吉川弘文館の伝記シリーズ「人物叢書」で織田信長を担当）でもある、池上裕子成蹊大学名誉教授が一般向けに書いた歴史シリーズ、講談社刊『日本の歴史』の第15巻『織豊政権と江戸幕府』で次のように解説しています。

安土宗論

信長が天主に移った五月、浄土宗と法華宗の宗論《しゅうろん》が安土で行われることになった。ことの発端は浄土宗の僧玉念《ぎょくねん》が関東からやってきて説法をしていたところに、法華宗徒の建部《たてべ》紹智《しょうち》・大脇伝介が問答をしかけたことにあった。玉念が僧侶となら応ずるといったので、法華宗側は意気込んで京都から頂妙寺日珖《ちょうみょうじにっこう》・常光寺日諦《じょうこうじにったい》ら歴々の僧が安土に乗りこんできた。信徒も集まり、城下は騒然となった。これをききつけた信長が、論争の勝敗の判者を指名し、織田信澄や馬廻の菅屋長頼らを奉行として、すなわちみずからの管理下で行わせることにした。

宗論は五月二十七日に城下の浄土宗浄厳院で、信長の軍勢が取り囲む中で朝から行われた。浄土宗側には安土西光寺の貞安《じょうあん》が加わった。判者は博識の名僧南禅寺景秀《けいしゅう》、副判者は因果居士《いんがこじ》であるが、景秀は八十四歳の高齢で耳が遠く、宗論の内容を聞きとれないほどであった。浄土宗を勝たせるために信長がしくんだ人選で、因果居士は信長の命をうけていて浄土宗が答えられない時には、かわって答えることさえやった。『信長公記』には最後に法華宗側が答えにつまったとあるが、事実は逆で、玉念が閉口したのに、彼は突然立ちあがって「勝った、勝った」と叫んだので、一同が法華僧に襲いかかって袈裟をはぎとり暴行を加えたのであった。

信長はただちに山を下り、玉念らに褒美を与えるとともに、大脇伝介と普伝日門《ふでんにちもん》の首を斬り、堺へ逃げた建部紹智も捕えて斬った。

信長は日珖らに対し、敗北を認めて起請文を書くか、書かなければ信長領内の法華宗の僧侶・信者をみな殺しにすると迫った。日珖らは前者を採るより他なかった。

実はこの部分は完全に間違っています。特に問題なのは「浄土宗を勝たせるために信長がしくんだ人選」で、というところで、「判者」の耳が遠く、「副判者」は問答に不正に介入した、としているところです。

さらに問題なのは、『信長公記』の記述と「事実は逆」で、法華宗（いわゆる日蓮宗）が勝っていたのに、浄土宗の勝ちとしたという箇所、つまり、信長が汚い八百長を仕組んで負けていた浄土宗を勝たせたとしているところです。この部分も、完全に間違っているのです。

極めて優秀な歴史学者で織田信長の研究の第一人者でもある池上名誉教授の記述を、「完全に間違っている」と断言できるのは、この問題が、ああも言えるがこうも言える、という異論が成立する余地のないものだからです。

もちろんそこまで言うからには、私にも覚悟があります。もし、私のこれから申し述べることが間違っていたら、私は池上先生のところに行って土下座して謝ります。それぐらいの覚悟で申し上げるのですから、なぜそうなのか、皆さんぜひ聞いてください。

信長の根本史料である『信長公記』について、日本を代表する百科辞典『日本大百科全書（ニッポニカ）』には、次のようにあります。


織田信長（おだのぶなが）の伝記。『信長記（しんちょうき）』ともいう。作者は太田牛一（おおたぎゅういち）。1568年（永禄11）の信長上洛（じょうらく）から82年（天正10）本能寺の変で倒れるまでの15年間の事跡を、1年1巻として記す十五巻本と、これに上洛以前の記録を首巻として加えた十六巻本がある。前者を『信長記』、後者を『信長公記』とよんで区別する場合がある。ほかに『安土（あづち）日記』などの名称で伝わる本もある。信長に近侍した作者が、自身の手控えを基に1598年（慶長3）ごろまでに著述。さらに自ら改訂を加えて数種類の本を作成したらしく、諸本を比較すると記事の増補・削除や人名部分の異同が認められる。本文は平易な漢文と仮名交じり文で記され、事実を客観的かつ簡潔に述べており、史料的価値は高い。

つまり、歴史学界もその価値を認めているということです。特に重要なのは、作者は「信長に近侍した」というところで、右筆《ゆうひつ》（秘書官）として信長に仕えた作者は、実際に信長の周辺で起こった事件を自ら見聞しているか、目撃者から直接聞いているということです。こういう史料は歴史学界では一級史料として扱う、ということは、いやしくも歴史学者と呼ばれる人なら誰でも知っている常識だと覚えておいてください。

では、その根本史料には問答のことをどういう風に書いてあるのか、クライマックスの部分は次のようなものです。

法花ノ無量之儀経ニ以方便力、四十余年未顕真実ト云ヘリ。

貞安云、四十余年ノ法門ヲ以テ、爾前ヲ捨テバ、方座第四ノ妙ノ一字ハ、捨ルカ、捨ザルカ。

法花云、四十余年四妙ノ中ニハ、何ゾヤ。

貞安云、法花ノ妙ヨ、汝知ラザル乎。此返答コレ無ク閉口ス。

貞安亦云、捨ルカ、捨ザルカヲ、尋ネシ処ニ無言ス。其時、判者ヲ始メ満座《まんざ》一同ニ瞳ト笑ツテ、袈裟ヲ剝取《はぎとる》。


カタカナ交じりでわからない言葉がいっぱい出てきますね、「法花」と書いてあるのは「法華」つまり法華宗（日蓮宗）側の発言で、貞安というのが浄土宗側の僧侶で、そこに出てくる「無量之儀経」（無量義経）というのが、実は法華宗側の切り札だったのです。

浄土宗は、阿弥陀如来という仏様を救い主、唯一の信仰対象にしています。つまり、「南無阿弥陀仏」と唱えれば、阿弥陀如来は必ず人間が臨終のときに迎えに来てくれ、極楽浄土に生まれ変わらせてくれるという信仰です。

ところが、これに対して日蓮は、「念仏無間《ねんぶつむけん》」と言いました。これは念仏など唱えると無間地獄に落ちるぞ、ということで、浄土宗の完全な否定です。

なぜ日蓮はそう主張したかというと、大乗仏教の根本にある、一番優れたお経とされているのが「法華経」（正式なタイトルは「妙法蓮華経《みょうほうれんげきょう》」）だったからです。

大乗仏教では、実際は釈迦の死後につくられたお経も、すべて生前の釈迦が一代で説いたという信仰を持っていました。当然若い頃の教え、つまり経典は十分でないという考え方が生まれます。

同時に、死の直前に説いた教えこそ最高の教えである、という考えも生まれます。その最後に説いた教えをまとめたとされるのが、妙法蓮華経なのです。だから妙法蓮華経は、あらゆるお経の中で一番優れている、というのが、必ずしも日蓮だけではなく大乗仏教全体の主張でした。あの比叡山延暦寺も、正式には天台法華宗といい、法華経を重んじる立場に変わりはなかったのです。

その日蓮宗側、つまり日蓮の主張は、浄土宗は一番大切なお経である妙法蓮華経をまったく無視している、だから正しくない教えであり、それを信じる者は開祖である法然も含めて今地獄に落ちている、という主張だったのです。

もちろん浄土宗側が、そんな見解を受け入れるはずがありません。だからこそ浄土宗と日蓮宗は極めて仲が悪く、しばしば対立していたのです。

法然の弟子の親鸞が開いた浄土真宗も、南無阿弥陀仏と唱える信仰ですから、日蓮宗とは極めて仲が悪く、前にも述べたように、日蓮宗は山科《やましな》にあった本願寺を焼き討ちし、そこにいた信徒を虐殺したこともあったのです。だからこそ浄土真宗は、二度とその悲劇を繰り返すまいと、本来信仰とは関係ない大坂に拠点を移し、そこに織田信長が一〇年もかけても落とせなかった堅固な城、石山本願寺を築いたのです。

なぜ信長は日蓮宗の負けとしたのか

話を安土宗論に戻しましょう。

これは、日蓮宗の若い僧や信者が、浄土宗にいわば喧嘩を吹っかけたという形で始まりました。もちろん喧嘩を吹っかける場合、吹っかける方は勝つ自信がなければそんなことはしません。その自信の根源が、この無量義経というお経だったのです。

では、無量義経には何が書いてあるかというと、お釈迦様が教えを説いて四十年経ったが、その四十年以前のお経はいわば入門編というべきである、ということが書かれているのです。つまり、乱暴にゲームにたとえてしまいますが、釈迦はその生涯にレベル一からレベル五までの教えを説いており、レベル五つまり法華経に達するまでの教えは不十分なもので、いわば人々を仏教に入らせるための方便である、という主張です。

「嘘も方便」という言葉もありますね。方便というのは、実際には本当の教えではないが、とりあえず教えの世界に入らせるために考えられた口実、という意味があります。

つまり、無量義経には、法華経以前のお経はすべて方便であると書かれているのです。となると、阿弥陀如来が「我を念仏するものは必ず極楽往生させてやる」と言ったという、いわゆる浄土三部経もすべて方便だった（事実とは言えない）ということになります。

つまり、日蓮宗側は、「お前たちは無量義経を知らないのか？　法華経以前の教えはすべて方便であると書いてあるではないか。だからお前ら浄土宗の教えは正しくないのだ」と言ったわけです。

それが、その言葉の中にある「四十余年未顕真実」という言葉の意味です。それに対して浄土宗側の貞安は何と答えたか。その四十年の教えをすべて捨てなければいけないとしたら、レベル四である方座に説かれた「妙」という一字はどうするのだ、捨てるのか捨てないのか、と問い返したわけです。

この妙という字は、仏教においては完全な教えを意味します。そして、法華経以前のレベル四は、それを「方等座」と言うのですが、釈迦はレベル四において妙を説いたという事実があるのです。

そこで貞安は、「君たちは無量義経を根拠に、法華経以前の教えはすべて意味がないと言うけれども、釈迦はレベル四で妙を説いているのだよ。その妙、つまり完全な教えを説いているのだよ。それを捨てるの？　捨てないの？」と問い返したわけです。

ところが、日蓮宗側は、この意味がわからなかったのです。

とにかく無量義経さえ持ち出せば、これが切り札になって勝てると思っていたので、何の準備もしていなかったのです。だから「一体何のことだ」と聞き返しましたが、貞安はせせら笑って、「方等座に説かれている妙だよ」と言ったのですが、日蓮宗側は一人もそれに言い返すことができなかったのです。そこでレフェリーは、当然、言葉に詰まった日蓮宗側を負けとして、その着ている袈裟《けさ》を剝《は》ぎ取ったのです。

「専門家」に聞くという当たり前のことをなぜしないのか

歴史学者の先生方に私がお聞きしたいのは、そもそも、自分たちの言っていることがおかしいとは思いませんか、ということです。あなたたちは、同時代の人間が見聞した事実を記したものこそ一級史料であると習ったはずです。それが常識なのですよね。それなのに、なぜその一級史料にきちんと書いてあるのにもかかわらず、八百長なんて話が出てくるのでしょうか？

これには、二人の犯人がいます。奥野高広と岩沢愿彦《よしひこ》という歴史学者です。

このお二人は、日本の歴史学者の最高峰とも言うべき東京大学史料編纂所の超大物の学者さんです。その人たちがこの『信長公記』の校注、つまり注を入れるという作業をしています。その二人が注を入れた『信長公記』は、たとえば、今では角川文庫などで読むことができるのですが、そこにはこういう注がついています。

たとえば、貞安の言った方座第四の妙について、「出典不詳。聖誉貞安の偽作の語であろうとする説も行われている」つまり、こんな言葉は存在しないのに貞安がでっち上げたということです。

そして、この根本史料に、閉口したのは日蓮宗側であると明記してあるのは、注の六で示されています。『因果居士記録』です。「『因果居士記録』などによると、この問答はなお続き、閉口したのは浄土宗側であった。」と書いてあります。

この『因果居士記録』という史料は、その場のことを取材していない人間によってつくられた史料です。少なくとも「一級史料」である『信長公記』に比べれば史料価値はずっと下です。おかしいじゃないですか、それなのになぜ『信長公記』よりも『因果居士記録』を重要視するのでしょうか?

答えを申し上げましょう。このお二人の学者は、ここに書いてあることの意味がまったくわからなかったのです。しかし、わからないと言ったのでは歴史学者としての沽券《こけん》に関わりますから、いろいろな史料を漁《あさ》った結果、別の史料に「これは八百長だった」と書いてあるものがあったので、それに喜んで飛びついてしまったのです。

実は、この『因果居士記録』というのは、まさに池上さんが述べているようなことが書いてあるのですが、そもそも歴史学者として、一級史料をないがしろにして、それ以下の史料を重視するのは、普通はあり得ないことです。そのあり得ないことをしているのは、この意味がわからなかったからなのです。

かくいう私も最初は意味がわかりませんでした。

しかし、私はわからないことはわかる人に聞くことにしていますから、仏教の専門家にこの意味はどういうことですか、と聞きました。具体的にはもう二十年以上前になりますが、この安土宗論が行われた滋賀県の浄厳院に行って、当時のご住職に「これは一体どういう意味でしょうか、私にはわからないので教えてください」と聞いたところ、それについて明快に示した論文があるということで、林彦明という仏教学者が書いた「安土宗論の真相に就て」を読んでごらんなさい、と言われました。

私はそれを佛教大学で探してもらい、読んだらすぐに、まさに今申し上げたような真相がわかったのです。ですから今、私が申し述べたことは、林さんの受け売りです。

しかし何も考えずに鵜呑みにしたわけではありません。私はその後、明治時代に高名な日蓮宗の信者で仏教学者でもあった田中智學《ちがく》という人間が、この安土宗論について八百長説を唱えていることを知り、そちらの説も調べてみました。比べてみると、田中智學の言っていることには矛盾があり、やはり林説の方が正しいということを確信したのです。

このように自分でも検証した結果、二〇〇一年当時、「週刊ポスト」に連載していた『逆説の日本史10　仙谷覇王編』にそのことを書き、それを出版しました。

冒頭に池上さんの記述を引用したのは、池上さんに恥をかかせるためではありません。東京大学史料編纂所という歴史学界の奥の院に籠もり、自分のわからないことは、私のように専門家に聞けばいいのにそれをせず、傲慢にごまかしているから、それを参考にした歴史学者も被害者になってしまうということを申し上げたかったのです。

史料が読めるということと、その史料の中身を分析するということはまったく違います。それが医学的な問題なら医者の意見を聞き、仏教の問題なら仏教の専門家の意見を聞くのが当然ではありませんか。その当たり前のことを歴史学者がやっていないというのは、とても残念なことだと私は思うのです。

「長篠の合戦」で注目すべきこととは

同じようなことが、信長の記念すべき戦いの一つである長篠の合戦についても言えます。私はこれについても新説を出しているので紹介しておきましょう。

新説と言っても、これも二十年以上も前に書いた話ですが、あの三千挺の鉄砲の三段撃ち（三段撃ちはともかく鉄砲は一千挺ぐらいだったと私は考えていますが）で武田騎馬隊を撃破したとされている長篠の合戦ですが、私はそもそも織田軍の鉄砲の弾が武田の騎馬武者に命中する必要すらなかったということを述べました。

なぜだかわかりますか？　実は簡単なことなのです。

今、私がこれを書いているのは二〇二三年の初夏ですが、ここでちょっとインターネットの検索サイトに「乗馬の注意事項」という言葉を入れてみてください。

はい、出てきました。「常に耳で音を注意して聞いているので突然大きな声を出したり、走り回ったりしないようにしましょう」（「乗馬をするのに知っておきたい10のこと」乗馬クラブ　エルミオーレ神戸ホームページ）

おわかりですね。時代劇でよく見られる暴れ馬のシーンも昔は本当にあったことなのですが、それは音で驚かせたためであることがほとんどです。

馬は、極めて音に敏感な動物です。もちろん武田軍でも鉄砲を使っていましたから、武田の馬も鉄砲の轟音《ごうおん》自体は知っていたかもしれません。しかし最低でも千挺ですよ、合戦の日に、戦場に響いた轟音は、地球レベルでも最大の轟音だったでしょう。轟音に驚いた馬は、竿立ち（前足立ち）や後足を跳ね上げ、騎馬武者を次々と振り落としたはずです。多くの学者はすぐに

蒙古襲来絵詞（部分、皇居三の丸尚蔵館収蔵）

「想像だ」と言うので史料も提出しましょう。

この絵をご存じでしょうか。これは、どんな歴史教科書にも必ず載っている「蒙古襲来絵詞《えことば》」の一場面です。この絵詞を描かせたのは、肥後《ひご》国の御家人の竹崎《たけざき》五郎兵衛季長《すえなが》と言う人で、この絵のタイトルは「竹崎五郎兵衛季長の奮戦」と言います。

ところで彼は何のためにこの絵を描かせたのでしょうか？　やはり最大の理由は自分の武功を後世に残すためです。武功を語ると、結果的には自慢話になることにお気づきください。

では、この絵のどこがいいのでしょうか、彼は馬から振り落とされそうになっているじゃないですか。ではなぜ馬は後ろ足を跳ね上げ彼を落とそうとしているのか？　彼の左上にある鉄砲が炸裂したからですね。世界史上でもかなり早い段階で使われた火薬兵器、つまり手投げ弾のようなものが彼の左上で炸裂《さくれつ》しています。当然ものすごい爆発音が轟いたはずです。もうおわかりですよね。それでも俺は振り落とされなかったぞ、ということを後世に自慢したかったのです。

この絵詞は失われた部分も多いのですが、その中には振り落とされた武者の絵もあったかもしれません。その方が自分が引き立ちますからね。

とにかく火薬の爆発音がいかに轟音か、そしてそれが馬にどれぐらいの影響を与えるかという史料は我々の目の前にいつもあった、ということです。

何度も言うように、歴史学者の中には鎌倉時代の専門家、戦国時代の専門家はいますが、私のような通史の専門家はいないので、こういう一目瞭然の史料が目の前にあるのにほとんど気がつかないという話になるのです。

ちなみに、この長篠の合戦を初めて近代的な視点から分析し『日本戦史』としてまとめたのは、旧陸軍の軍人、それも陸軍参謀本部所属のエリート将校たちでした。彼らはどうしてこのことに気がつかなかったのでしょうか？　これも通史をやっているとわかります。

実は明治になって日本陸軍が騎兵部隊を創設しようとしたとき、最大の問題の一つが日本の在来種の馬はあまりにも轟音に弱く、戦場で使い物にならないということだったのです。そこで陸軍は苦労して大砲の砲声にも驚かない軍馬の育成に努めました。これは歴史的事実で史料も残っています。

ところで陸軍参謀本部のエリート将校たちは基地内の兵営に住む必要がなく、自分の家から出勤できるのですが、そういう立場のステータスシンボルとして馬に乗って出勤するという習慣がありました。そのときに乗る馬は軍馬です。おわかりですか、轟音に驚かない馬なんです。そういう馬に毎日乗っているからこそ、彼らは長篠の合戦についてまとめたときに、今私が指摘したようなことに気がつかなかったというわけです。

もうおわかりでしょう。歴史学者という人々は自分の専門の時代しか知らず、最低限の取材もしない人々なのです。確かに昔は、インターネットはありませんでしたが、知人、友人を探れば、あるいは乗馬クラブを訪ねれば、乗馬の初歩の注意を聞くことぐらいは難しくなかったはずです。どうしても書斎を一歩も出るのが嫌だ（笑）、とおっしゃるならば、友人、知人に一人ぐらいは、馬に乗った経験のある人がいるでしょうから、乗馬のときに最も注意すべきことはなんだ、と聞けばいいわけです。

「ウィキペディア」を鵜呑みにしてはいけない

実は、安土宗論のところであえて池上さんの記述を引用したのには、もう一つ理由があります。

それは、以前、歴史学者はそんなことを言っていませんでしたよ、と証明するためでした。その証拠として池上さんの著書を引用させていただいたわけです。

なぜそうした証明をする必要があったのかというと、今はネット上で情報が上書きされてしまうので、かつて誰がどんなことを言っていたのかわかりにくくなっているからです。

たとえば、今は百科事典というものが発行されなくなりました。なぜなら、百科事典というのは出版した途端に古くなり、それから何十年もの間、古い記述がそのまま残ってしまうからです。その間、新説などが出ても、まったく反映されません。そこで今は、ネット上に百科事典が展開されるようになりました。

一番有名なのは、「ウィキペディア」というインターネット上の百科事典だということは皆さんご存じだと思います。

では、ここで皆さんに一つお願いがあります。「ウィキペディア」で安土宗論を引いてみていただきたいのです。

そこに何と書いてあるかというと、私が二十年前に『逆説の日本史』に書いた内容が、見事にそのまま書かれているのです。

確かに林さんの説については、私はそれを創作したわけではなく、単に紹介したに過ぎません。しかし、埋もれていた学説を掘り出してきて公にしたのは、私の功績だと思います。

ご存じの通り「ウィキペディア」は、匿名の人々の善意によって支えられています。何か間違った記述があると、ほかの分野の研究者は、それを多くの人に間違った認識を与えてはいけないということで訂正します。しかし、「ウィキペディア」は匿名ですから、その功績は残りません。その一方で匿名だからこそできる悪事もあるわけです。

かつて歴史学界では、まるで反対のことを言ったにもかかわらず、そのことを伏せて（一応、参考文献として私の著書を挙げてはいますが）、いかにも昔からそうだったかのように、私が掘り起こした林説をウィキペディアに書く。匿名なので誰がこんなことをしたのかわかりませんが、卑怯だとは思いませんか？

ちなみに、私には、当初自分の発見だと思った説が、すでに他の人が同じ説を述べておられていたことを知り、後から但し書きを明記した、という経験があります。

それは、信長が結果的に最後の城として築いた安土城について述べたところです。

私は、安土城は、信長が自己神格化計画つまり神になるための装置としてつくった一種の宗教施設（神殿）だと思っています。

安土城の全容については、信長の弟分であった前田利家の前田家から「天守指図」という謎の設計図が発見され、これを名古屋工業大学内藤昌教授（当時）が安土城の設計図と断定したことで、現在はこれをもとに復元した安土城の模型や図面を見ることができます。

最近、歴史番組や映画やドラマに出てくる安土城はすべてこれがモデルになっているのですが、かつて歴史学者の大半はこの復元に批判的でした。

その理由は図面によると城には地下一階があり、しかもそこに宝塔（仏像を祀る塔）があったということになっているからでした。確かにそんな構造を持つ日本建築は他に例がありません。だからこの指図は安土城の設計図ではないというのが、かつて日本歴史学界の定説だったのです。

はっきり言ってしまうと、私はそれを知ったとき、この人たちは宗教というものを知らないのだな、とも思いました。

というのは、安土宗論にも出てきた法華経は、ちょうど現代人が『源氏物語』を全部読んだことがない人でもそのあらすじは知っているように、当時の人たち、特に教養ある人は誰でも知っている日本一有名なお経だったからです。その法華経の最高の名場面が釈迦がレベル五の教えを説いたとき、地中から宝塔が現れてそれを祝福するという場面です。これは当時の常識でした。

ですからそれを知っている人間から見れば、安土城の構造が、信長の自己神格化において、信長自身が神であることを立証する最高の舞台装置だったということが明確にわかるのです。いや、わかるどころか、それ以外に考えられません。何しろ他の文芸作品や経典にそういう場面は出てこないのですから。

しかも安土城の近くには石山寺という寺があり、そこの建築物として最も有名な多宝塔はこの法華経の名場面を表したものなのです。信長が正式にここを訪れたという記録はありませんが、それでも新しく近江一帯を自分の領地としたとき、領内では最も有名な寺院の一つですから私は訪れたに違いないと思っています。少なくとも話には聞いたでしょう、そして影響を受けたのだと思いました。

だから、私は確信を持って、これは法華経の名場面を表したものだということを『逆説の日本史10』に書いたのです。

そのとき、私は当然それを自分の新発見だと思っていたのですが、実は平井良直という研究者から連絡があり、それは私がすでに論文に書いています、という指摘を受けました。

調べてみると、確かに私の発見より以前に書かれていたので、私は第10巻を文庫化するときにその人の名前と論文名を明記しました。

先人の研究や論文、発見にはきちんと敬意を払い、人の業績を黙って自分の手柄にするようなことはしない。歴史学者であっても、私のような歴史家であっても、いいえ、市井の一個人であっても、これは当たり前のことだと思うのですが。

仮説を軽んじる頑なな実証主義

さて、ここまでくれば、私が言ったことが信じられないという人はいないと思いますが、それでも言い過ぎではないか、と思っている人はいるでしょう。いいのですよ、他人の言うことを鵜呑みにして信じ込むよりも、誰が言うことでも疑うという姿勢は大切です。そういうセンスを持つ人こそ、真理を探究することができるからです。

では、ここで一つ、私の言っていることが正しいという証人をお呼びしましょう。まあ、証人と言っても、著書を引用するだけですが。

私が「証人」申請するのは、本郷和人教授です。彼は私と違ってバリバリの歴史学者であり、しかも日本歴史学界の総本山とも言うべき、東京大学史料編纂所にお勤めの先生です。その先生が、歴史学界のあまりにも頑なな実証主義、と言えば聞こえはいいですが、とにかく「それに関する史料がない限り事実もない」と否定する態度について批判をしています。ちょっと抽象的でわかりにくいかもしれませんので、説明しましょう。

たとえば、私は、奈良の大仏というのは、その建立者である聖武天皇と光明皇后が怨霊封じのためにつくったものだと考えています。

彼らは、自分たちの欲望を遂げるために、反対する長屋王《ながや》を無実の罪に陥れ、一家を皆殺しにしたのですが、そのしっぺ返しで恐ろしい祟《たた》りに見舞われてしまいました。そこで、長屋王の怨霊から逃れるため、つまり怨霊封じのため大仏をつくったということです。

その背景には、疫病（天然痘）によって、光明皇后の四人の兄弟すべてが死亡したという事実があります。昔の人は、そうしたことは怨霊の仕業だと考えていたので、当然それが大仏建立の理由であると、少なくとも推測することはできるわけですよね。これを学問の世界では「仮説を立てる」と言います。

ところが、この「学問の常識」を一切受け付けない人々がいます。それが、頑なに実証主義を奉じる歴史学者たちなのです。

誰がどう見ても、この二つの事実の間には、つまり、わずかな間に兄弟全員が疫病で死んだということと、大仏を建立するという二つの事実の間に、因果関係があるということは、想像できることなのですが、実証主義者の学者らは、「そう書いた文書がない」という理由で否定してしまうのです。

本郷教授が、そうした頑なな実証主義に初めて直面したときのことを、彼の著書から引用しましょう。ちょっと長くなるので、簡単に前提を説明すると、本郷教授は私と同じような考え方に基づいて、彼なりに仮説を立てたところ、勉強会で同僚のX氏が、次のように言い放った、と言うことです。

「歴史研究では、そのような推論を行ってはいけない」と口火を切ったXさんは続けてこう言い放った。

「本郷さんは実証というものを分かっていない。史料にひたすら忠実であることが実証なのであって、研究者という立場であれば『小山や千葉はこういう状況に置かれていた』という、史料が示す理解の範囲内に留めなくてはならない。（中略）それはもう実証史学ではない」

私はカっとなった。彼の言う「実証」とは、史料を右から左に写しながら現代語に置き換えていくという、まさに単純実証と呼ばれるシロモノに過ぎず、私の憧れる奥深い実証史学のスケール感とはまるで違っていた。

（中略）私は彼に一言だけ告げた。

「Xさん、あんたバカだ」

（『歴史学者という病』講談社現代新書）


私もまったく同感です。本郷教授の言っていることをもっと簡単にご説明しましょう。次の写真を見てください。私が撮影してきたある公園の風景です。一カ所だけ細工し、右側の建物の看板は消してあります。そこで皆さんに質問ですが、この看板の消してある方の建物は一体

公園のトイレ

何でしょうか？

おわかりですよね、女子トイレです。では、なぜあなたはこれが女子トイレだとわかったのですか？

まず左側に男子トイレの表示があります。そして日本ではほぼ例外なく男子トイレの隣は女子トイレになっています。特に建物の大きさが同じなら、そう結論して間違いではありませんよね。

ところが東京大学史料編纂所の歴史学者の先生方は、たとえて言えば、これは女子トイレと断定してはならないとおっしゃるのです。なぜだか、わかりますか。本郷教授が書いている通りです。それは「推論」だからで、「実証というものを分かっていない。史料にひたすら忠実であることが実証なので」あるからです。

男子トイレと書いてある表示は「史料」ですが、

それに対してその対照的な位置にある建物には表示はありません。だから、「研究者という立場であれば（中略）史料が示す理解の範囲内に留めなくてはならない」故に、史料に忠実な人間は決して「それが女子トイレ」などという推論を立ててはならないと東京大学史料編纂所の歴史学者の方々は言っているのです。まさに『歴史学者という病』の「あんたバカだ」ではありませんか。

彼らは、どうしてそう傲慢なのでしょうか。それは、自分たちは日本一歴史に詳しいという思い込みがあるからです。思い込みとは何か、それは昔の生《ナマ》の史料をスラスラ読めるということです。

生の史料というのは、主に昔の人が手書きで書いたそのままのもので、漢字やカナも草書体という「崩し字」ですから、活字体が当たり前の一般人にはなかなか読めません。彼らは長い間の研鑽と努力によって、それが読めるようになったのです。そのことに関しては、私も敬意を表します。しかし、だからといって自分たちの方が歴史に詳しいと思い込むのは思い上がりというものです。

歴史を判断する能力

近代史を少しかじった人間なら誰でもわかることですが、戦前の日本が悲惨な戦争に突入した分岐点の一つは、ナチス・ドイツとの提携つまり日独伊三国同盟の締結でした。ほとんどの日本人は、マスコミも含めて「バスに乗り遅れるな」、つまり一刻も早くドイツと同盟すべきだと主張したのですが、英米通の山本五十六海軍大将のようにドイツとの同盟は亡国への道だと考えた人もいました。

そうした「賢者」に対して、日独伊三国同盟を強力に推進した陸軍の幹部たちは内心何を考えていたか、おわかりですか。一言で言えば「あいつらはドイツ語ができない」ということです。日本の陸軍の幹部はほとんどがドイツ留学組でした。ドイツ留学組でなければ出世ができなかったわけで、当然彼らはドイツ語に堪能でした。ドイツの要人たちともその気になればサシで話せます。一方、山本五十六は英語は得意ですが、ドイツ語は話せません。

そこで陸軍の幹部は、次のように考えていました。あいつらはドイツ語も話せないくせに日独伊三国同盟反対だとバカなことを言うな。我々はドイツの専門家でその気になればヒトラーと話すこともできる。ドイツ語会話すらできない奴が口を出すな、ということです。

語学の才能と国家戦略を判断する能力はまったく別のものです。関係ありません。にもかかわらず、彼らはドイツ語ができるが故に自分たちがそうした能力も持っていると錯覚し国の進むべき方向を誤らせたのです。

気がつきましたか？　歴史学者と同じですね。生の史料を読みこなすこと、それは確かに優れた技能です。しかし。それが故に彼らは、たとえば井沢元彦という史料も読めない素人は歴史に口を出すな、と思い込んでいるのです。

実際、それに近いことを私は面と向かって言われたこともあります。でもそれは傲慢な思い込みですよね。だからこそ彼ら、それも東京大学史料編纂所の大御所のような人間は、安土宗論の解釈のようなミスを犯すのです。あのミスは私のように仏教の専門家に聞けば避けられたでしょう。史料を読み込む能力と歴史を判断する能力はまったく別なのに、傲慢にもそれを同じだと思い込んでいるからこそ、そういうミスを犯すのです。つまり彼らは自分たちの姿勢が、かつて日本を滅ぼした陸軍のバカな連中と同じだということに気がついていないのです。そういうことに気がつき、それを指摘するのが「歴史」ではないですか。

すでに指摘したように、「安土桃山時代」という言い方は中学生でもわかる変な言い方です。桃山という地名はこの時代になかったのですから。だから私は三十数年前に日本史を書き出した頃から、「安土大坂時代」と改めるべきだと主張しています。しかしながら、彼らは頑なに改めようとはしません。これも彼らの傲慢さの証拠です。人間少しでも謙虚さがあれば、明白な間違いなのですから直ちに改めるはずです。改めないのは、それを主張している人間を内心小馬鹿にしているからでしょう。

また、彼らは揚げ足とりの名人でもあります。これは彼らの仕事上仕方のない部分があって、彼らは歴史の細かい部分を精査するのが仕事ですから、論文については一字一句ミスがないようにチェックします。それはそれで彼らの仕事にとって必要なことだと私は認めますが、私のような歴史全体を大きく見ている人間の仕事についてもそれを当てはめるのは困ります。

具体的に言えば、本筋とまったく関係ない些細《ささい》なミスをあげつらい、「井沢元彦はこんなつまらないミスをしている。したがって井沢元彦の歴史論もそれと同じで価値がない」という言い方です。こういう手口を使うのは、まさに歴史学者でしょう。

私は昔から大勢の歴史学者から悪口を言われ続けていますから、私への批判としてこういう指摘をネットでご覧になった方も結構いるのではないか、と思います。もちろんミスは指摘していただければ助かりますし、改めもしますが、本筋とは関係ない「重箱の隅をつつく」ようなやり方で本筋を批判するのは、おかしいと申し上げておきましょう。そもそも安土桃山時代すら傲慢にも訂正しない人間たちに、私を批判する資格があるのでしょうか。

本書を読んで私の姿勢に共感してくださった方は、ぜひ私のライフワークでもある『逆説の日本史』(小学館　27巻まで刊行中)を読んでいただきたいと思います。私は今一人で日本の歴史を初めから現在まで書こうという試みを進めています。

江戸時代の頼山陽《らいさんよう》、明治・大正から昭和にかけて活躍した徳富蘇峰《とくとみそほう》以来と自分で言っていますが(笑)、そういう評価を下したくない人たちもいるようです。おわかりですね。ご自分の目で確かめてください。ただ27巻はあまりにも膨大過ぎるとおっしゃるならば、最近そのエッセンスを『コミック版　逆説の日本史』という形で刊行しています。まだこのシリーズも完成していませんが、とりあえず『戦国三英傑編』『江戸大改革編』『幕末維新編』『古代黎明編』『古代暗闘編』の五冊をこの順番で続けて読んでいただければ、教科書では絶対にわからない「歴史の流れ」というものを理解していただけると思います。

　また、もうおわかりでしょうが、残念ながら日本の高校教育で言えば、世界史や倫理などの教科書もなっていません。これをお話しすると膨大な時間がかかってしまうので、私がYouTube上に開設した「井沢元彦の逆説チャンネル」の中の「教科書は教えてくれない！　キリスト教とイスラム教、仲が悪い理由とは」という十五分ぐらいの動画を見ていただけると、その理由だけでなく、今の日本の教科書がいかにダメか、ということもわかっていただけると思います。最後に、ご参考までにその二次元コードを添付しておきます。

おわりに――日本の未来のために

もう気がつかれましたか？　日本人全体が不十分な日本史教育の被害者であることを。

そして、その責任がいわゆる歴史学者にあることを。

たとえば原子力発電所です。原発を稼働させたいのなら、絶対に必要なことは住民の避難訓練ですよね。ところが、原発の専門家でもある大前研一さんが指摘しているように、それができないんです。言霊の問題ということは納得していただけましたよね。

では、どうすれば良かったのか？　簡単です。歴史学界が私の説を無視せずに歴史教科書に取り入れ、遅くとも高校生までに日本には言霊信仰というものがあり、日本人は無意識にそれに左右されているということをちゃんと教えていれば、こんなことにはならなかったはずです。

しかし、ほとんどの歴史学者たちは私の説を「外野の声」とか「素人の言説」と決めつけて無視しました。その結果どうなりましたか？　そもそも東日本大震災のとき、東京電力福島第一原子力発電所に極めて深刻な事態が起きていても日本のマスコミはきちんと報道できず、政府の対応も情報工学の専門家・掛谷英紀《かけやひでき》准教授が指摘しているように不十分にして不適切なものでした。私が三十年近く前から指摘している点を無視するからそういうことになるわけです。

私はひとりの歴史家として、日本通史『逆説の日本史』に取り組んできました。

その中で、これまでどの学者も見いだせなかった歴史の真実をいくつも発見できたという自負もあります。しかし、ほとんどの歴史学者は、在野の歴史家の説を「外野の声」とか「素人の言説」と決めつけて無視してきました。

私は長い年月、たったひとりで日本通史と向き合いながら、一つの夢を持っていました。

それは、自由な発想で歴史と向き合うことができる私のような在野の歴史家と、豊富な専門知識を持つ歴史学者が、対等な立場で語り合い、ともに歴史の真実を探究することでした。

しかし残念ながら、いまだこの夢は叶っていません。

ところで、昨年、歌舞伎役者の中村獅童《しどう》さんが「自分の次男には両手の指が四本しかない」という事実を発表したことはご存じですか。大変勇気のあることだと思いますが、実は「人間の指の数の違い」というのは決して珍しくなく、それなのになぜ知られないかというと、親が隠してしまうからなのですね。ところが、それを隠さずに堂々とふるまい、天下人までのし上がった男がいました。豊臣秀吉です。

念のためですが、これはトンデモ説ではありません。学界の権威の松田毅一《きいち》博士も指摘している話であり、この時代の専門学者は知らないはずがないんです。でも大河ドラマでも一度もその話は出てきませんよね。私は『逆説の日本史』以前に、この「秀吉の六本指」についてもノンフィクション第一作『言霊』で書いています。彼らには中村獅童さんの爪の垢《あか》でも煎《せん》じて飲んだらどうか、と言いたいです。

この先、彼らは些《さ》細《さい》な過ちをあげつらい、「井沢の本は信用できない」などという「いつもの手口」を使って私の本を批判してくるかもしれませんが、読者の皆さん、彼らはあなたがたを三十年以上にわたってゴマかしダマしてきたことをどうかお忘れなく。

どうか、くれぐれもダマされないようにお願いします。

最後に念を押しておきましょう。安土「桃山」時代という明白な間違いを、安土大坂時代（「大阪」になったのは明治から）に訂正もできないような人々に私を批判する資格はない、と。

二〇二四年六月一日記す

井沢元彦

井沢元彦　いざわもとひこ

作家。一九五四年、愛知県名古屋市生まれ。早稲田大学法学部卒業後、TBSに入社。報道局在職中の八〇年に、『猿丸幻視行』で第二六回江戸川乱歩賞を受賞。退社後、執筆活動に専念。『逆説の日本史』シリーズ（小学館）は、単行本・文庫本・コミック版で累計五八〇万部突破の超ベスト＆ロングセラーとなっている。著書に『紫式部はなぜ主人公を源氏にしたのか』（PHP研究所）、『学校では教えてくれない日本史の授業』『「誤解」の日本史』（ともにPHP文庫）、『歴史・経済・文化の論点がわかる お金の日本史 完全版』（KADOKAWA）、『徳川15代の定説を覆す』（宝島社新書）など多数。

真・日本の歴史

二〇二四年七月二〇日　第一刷発行

著者　井沢元彦
発行人　見城徹
編集人　菊地朱雅子
編集者　小木田順子
発行所　株式会社 幻冬舎
〒一五一-〇〇五一 東京都渋谷区千駄ヶ谷四-九-七
電話 〇三（五四一一）六二一一〈編集〉
〇三（五四一一）六二二二〈営業〉
公式HP：https://www.gentosha.co.jp/

GENTOSHA

印刷・製本所　中央精版印刷株式会社

ISBN978-4-344-04309-1 C0095

この本に関するご意見・ご感想は、下記アンケートフォームからお寄せください。https://www.gentosha.co.jp/e/